Keine Angst vor großen Köchen

Keine Angst vor großen Köchen

Nina Ruge

70 Rezepte von

Dieter Müller & Nils Henkel

Joachim Wissler

Bernhard Diers

Hans Sobotka

Thierry Thiercelin

Olivier Streiff

Fotos von
Michael Wissing

Christian Verlag

INHALT

Vorwort	6
Dieter Müller & Nils Henkel, Restaurant Dieter Müller im Schlosshotel Lerbach	8
Joachim Wissler, Restaurant Vendôme im Grandhotel Schloss Bensberg	40
Bernhard Diers, Restaurant Zirbelstube im Hotel am Schlossgarten in Stuttgart	68
Hans Sobotka, Restaurant Endtenfang im Hotel Fürstenhof in Celle	96
Thierry Thiercelin, Restaurant La Villa Belrose bei Saint Tropez	118
Olivier Streiff, Restaurant Le Vistaero im Vista Palace Hotel bei Monaco	152
Glossar	180
Grundrezepte	184
Register	190

IN DIESEM BUCH KANN MICH JEDER BEIM WORT NEHMEN: ALLES WIRD GUT!

Ich habe mich bei dieser abenteuerlichen Reise auf fremdes Terrain begeben, weil ich erkunden wollte, weshalb bei Spitzenköchen dieser exzeptionellen Kategorie alles gut wird – so unglaublich gut. Und wenn Sie mich fragen, werte Leser, was das denn ist, das mich immer wieder in neue Welten treibt – schließlich wäre der klassische politische Journalismus, gepaart mit meinem Hauptarbeitsfeld, dem People-Journalismus, schon genug Spielfläche zum Austoben – dann kann ich nur etwas sehr Schlichtes als Motivation gestehen: Ich scheine von diesem sehr speziellen Gen, das so typisch menschlich ist, ein bisschen viel abgekriegt zu haben, und das nenne ich das „Neugier-Gen". Mich interessierte es ungemein, wie diese sechs Ausnahme-Köche leben, arbeiten, denken, fühlen. Was sie dazu treibt, Arbeit und Leben zu einem „Arbeitsleben" zu verschmelzen, für das sie täglich rund 18 Stunden investieren. Woher sie die Bits and Bytes ihrer Mega-Kreativität beziehen. Wie ein Mensch all diese Fähigkeiten und Fertigkeiten so intensiv in sich entwickeln kann, dass am Ende täglich neue Kunstwerke entstehen, Kunstwerke eben, die man essen kann.
Ich behaupte von mir, dass ich zwar ziemlich gut bin, wenn es um das kulinarische Genießen geht, im Kochen hingegen bin ich sicherlich eine Null. Was mich wiederum in den Stand einer hilfreichen Naivität versetzt: Ich bin den sechs Spitzenköchen begegnet, als hätte ich einen Schauspieler vor mir oder einen großartigen Musiker. Deren Künste weiß ich genauso zu genießen – ebenfalls ohne sie auch nur ansatzweise zu beherrschen. Das ermöglichte mir eine große Freiheit bei den Begegnungen. Ich bin nach St. Tropez gereist, nach Monte Carlo, zwei Mal nach Bergisch Gladbach, dann nach Stuttgart und Celle, und ich habe jedes Mal auf einem derart hohen Niveau speisen und eine unglaubliche Sinnlichkeit des Geschmacks erleben dürfen, dass ich es nie vergessen werde. Und ich hatte die einzigartige Chance, die Köche mit Fragen zu bombardieren – als Künstler und als Menschen – jenseits der Fachfragen erfahrener Gourmet-Journalisten.
Mich begeisterten die Gespräche mit den sechs Ausnahmemenschen, die gemeinsam für sagenhafte neun Michelin-Sterne und 89 Gault-Millau-Punkte stehen. Sie interessierten mich genauso wie die Begegnungen mit Kofi Annan, Tom Hanks oder dem Dalai Lama. Und ich durfte ein sehr persönlicher, ja fast intimer Gast sein in sechs extremen Welten. Die Einstellungen zu ihrer Arbeit waren immer ähnlich: Zurückstellung der üblichen persönlichen Bedürfnisse wie Freizeit, Hobbys, Reisen, intensives Familienleben. Besessenheit, wenn es um die Qualität der Produkte geht. Jahrzehntelanges handwerkliches Training bis zu exorbitanter Perfektion. Und vor allem: eine fast autistische Konzentration auf neue Kreationen, die im Kopf komponiert und im Bauch und im Herzen vollendet werden. Eine Sensibilität für das Gesamtkunstwerk, das uns bei jedem Bissen dahinschmelzen lässt als gäbe es kein Morgen.

Das zu erleben und in diesem Buch beschreiben zu dürfen, empfinde ich als großartiges Geschenk: Dieter Müller und Joachim Wissler, die zu den fünf höchst dekoriertesten Köchen Deutschlands zählen, zu ihren kulinarischen Reiseträumen, zu Hörsturz, Gemüseanbauexperimenten oder den geheimen Lieferantenlisten zu befragen. Bernhard Diers zu entlocken, wie er jeden einzelnen seiner Gäste und dessen Vorlieben in seinem gastronomischen Elefantenhirn speichert und wie er das aushält, jede Woche Hunderte Kilometer zu seiner Familie zu reisen. Hans Sobotkas kulinarischen Spagat zu verstehen zwischen niedersächsischer Traditionsküche und mediterranem Trend ohne jeden modernistischen Chichi. Thierry Thiercelins Weltreise zu beschreiben, die ihn dorthin zurückführte, wo er hergekommen ist, nämlich in die raffinierte provenzalische Gemüseküche. Und den scheuen Olivier Streiff dazu zu bewegen, über seine dunkle, existenzialistische Seite zu sprechen, in der Küche genauso wie im Leben, über seine Leidenschaft für The Doors, und für minimalistische Gemälde auf dem Teller.

Sechs Typen, Querdenker, Neu-Schmecker und Küchenrevolutionäre – in sechs Hotels, die ihnen die ideale Plattform für die Individualität ihrer Spitzenküche bietet. Denn die Philosophie von Thomas H. Althoff, des Spezialisten für Luxus-Hotellerie, ist Balsam für die Sterneköcheseele. Ein gutes Hotel sei nicht nur ein Haus, sondern ein Stück positives Lebensgefühl, das dem Gast eine besondere Individualität, Einzigartigkeit und Unverwechselbarkeit biete, so Althoff. Dafür stehe besonders die Spitzengastronomie: „Das beste, was einem Gast passieren kann, ist ein Spitzenrestaurant in einem Spitzenhotel.“ Die logische Folge: Küchenchefs stehen mit den Hoteldirektoren hierarchisch auf einer Stufe.

Deshalb erforschte ich bei jedem Besuch neugierig auch die Geschichte der Häuser. Sie erfahren also nicht nur, wie der jeweilige Gourmet-Koch wurde, was er ist, sondern auch, wie Tradition und Ambiente die Wohlfühlrezeptoren der Gäste stimulieren.

Und sicherlich werden Sie von den zahlreichen köstlichen Rezepten animiert, sich diese hohe Kochkunst nach Hause zu holen und das eine oder andere Gericht am eigenen Herd selbst nachzukochen. Die Rezepte wurden den Köchen natürlich wiederum von einem Profi abgeschaut: Die renommierte Gourmet-Jouralistin Monica Kellermann hat die Zubereitungen so akribisch beschrieben, dass sie zwar bis ins Detail die Handschrift der Küchenstars widerspiegeln, dennoch aber von Hobbyköchen nachgekocht werden können.

Und so hoffe ich sehr, dass dieses Buch von dem atmen wird, was Goethe so einzigartig beschrieb: „Wir werden von dem geformt und gebildet, was wir lieben.“

kochen mit

Er weiß mit der Presse umzugehen. Schließlich ist Dieter Müller einer der meist gefragten Koch-Stars der Republik. Und dennoch schien mir seine Redseligkeit authentisch, ehrlich. Ich zuckte nicht zusammen, als er mir sagte: „Wenn ich zurückblicke, habe ich alles richtig gemacht. Der dritte Stern ist wie ein Oscar – nach fünf Jahren Lerbach!" Und wie er das richtig gemacht hat!

Foto Seite 8:
Schlosshotel Lerbach.

Foto Seite 9:
Chef-Pâtissier Frédéric Guillon, Birgit Müller, Dieter Müller, Nils Henkel (von links nach rechts).

ZU GAST BEI DIETER MÜLLER IM SCHLOSSHOTEL LERBACH

„Um unersetzbar zu sein, muss man immer anders sein." (Coco Chanel)
Hier wird professionell tiefgestapelt, schon beim Namen fängt's an. Das Schlosshotel Lerbach hat seinen Namen von einem Bach, der seit Menschengedenken wenig Wasser führte, also „leer" war. Dennoch grünt hier ein üppiger englischer Park. Enten, Gänse, Schwäne und Pfaue tun so, als sei ihre luxuriöse Existenz auf dem Schlossteich völlig normal – so normal wie das Wirken des Käse-Sommeliers zum Beispiel, der im Restaurant Abend für Abend 120 Käsesorten zum Duften und Verkosten bringt.

Man blickt hier auf eine sehr lange Geschichte zurück, und das prägt die herrschaftliche Atmosphäre, lässt sogar die Schwanenhälse länger wirken als üblich. Diese Geschichte ist wechselhaft, widrig und stets unruhig gewesen, wie die kriegsgebeutelte Geschichte der Region. Heute ist das Schlosshotel Pilgerstätte für Menschen aus den Ballungsräumen Nordrhein-Westfalens und darüber hinaus, das Tor zum Bergischen Land, Schnittstelle zwischen Großstadtflimmern und unberührter Natur! Dieser Ort wurde 1259 zum ersten Mal als Gutshof schriftlich erwähnt und kurz danach an Ritter niederen Adels übergeben. Im 17. Jahrhundert wurde es zum stattlichen Renaissanceschloss. Nachdem es dann etliche Besitzer überstanden hatte, durfte es 1840 ein klassizistisches Schlösschen werden. 1893 schließlich erwarb es ein Papierfabrikant, der mit einer Tochter des Industriellen Werner von Siemens verheiratet war. Da das Gemäuer so feucht bis verschimmelt war, dass nur der Abriss eine TBC-freie Zukunft versprach, tat man dies und 1900 war das neue Schlösschen – vom Münchner Architekten Gabriel von Seidl erbaut – bezugsbereit. Bei ihm dürfen sich die Gäste heute noch bedanken, denn er hat etliches Traditionsreiches gerettet: den Fußboden in der Hotelhalle, den gigantischen Kamin und vieles mehr.

Natürlich war das Schloss nicht nur für zwei Personen geplant – es sollten viele Kinder kommen. Doch 1906 hat sich der Papierfabrikant unglücklicherweise auf der Jagd selbst erschossen. Also lebte die Witwe fortan alleine dort. Naja, nicht ganz allein. Sie hatte 40 Angestellte. Mit ihrem Tod 1939 ging's dann rapide bergab. Krieg und Mangelwirtschaft machten aus dem gemütlichen Stilmix von englischem Landhaus, mittelalterlichem Hof und französischem Schlösschen zunächst ein Alten-, dann ein Säuglingsheim. Erholungsstätte für belgische Offiziere wurde es später, dann Sanatorium, und als es 1961 an das Gustav-Stresemann-Institut verpachtet wurde, hatte es den Charme einer Jugendherberge. Ich erzähle das an dieser Stelle so ausführlich, weil in den Schicksalsschlägen des Hauses der Zauber begründet liegt. Ein Phönix aus der Asche beherbergt seine Gäste mit einer anderen Sensibilität als ein ungestümer Jungspund das tut.

Für die Rettung scheinen Zufall und Fügung zur richtigen Zeit am richtigen Ort gewesen zu sein. 1989 spazierten Thomas H. Althoff und seine Ehefrau Elke mit ihrem Hund an dem heruntergekommenen Schlösschen vorbei, erkannten das Potenzial des Ortes und begannen kurz entschlossen mit den Inhabern, den Siemens-Erben, zu verhandeln.
Zur gleichen Zeit zählte Dieter Müller, der mit zwei Sternen ausgezeichnete Koch der Schweizer Stuben in Wertheim, zu den 16 besten Köchen der Welt, hatte 19,5 Gault-Millau-Punkte und war 1987 Koch des Jahres im Gault Millau. Von 1990 bis 1992 jettete der gefragte Kochstar als Repräsentant der deutschen Küche durch die Welt und ließ sich nach Strich und Faden von den internationalen Top-Restaurants und Hotels umwerben. Unter den etwa 100 Offerten waren Grundigs Bühlerhöhe, das Tantris in München, Schloss Reinhartshausen und die Ritz Carltons in San Francisco oder New York. Doch Dieter Müller zögerte. Nach 17 Jahren Schweizer Stuben hat er sich endlich eine Auszeit gegönnt und sich „zweimal um die Welt gekocht"!
Und da flatterte ein Brief von einem gewissen Thomas H. Althoff auf seinen Tisch. Eine Luftaufnahme von einem kleinen Schloss , das hochromantisch und ziemlich heruntergekommen zu sein schien, lag darin. Und ein so ansprechender Brief, der „so nett geschrieben war, da musste ich hin", so Dieter Müller. Thomas H. Althoff gestand später, dass diesen Brief seine Frau verfasst hatte. Auf jeden Fall verliebten sich Dieter Müller samt Frau und den damals noch zwei Kindern auf Anhieb in dieses kleine Paradies im Rheinland. Und so kam es, dass der internationale Superstar der Kochkünste in einem heruntergekommenen Landhaus – allerdings mit außergewöhnlichem Potenzial – seine neue Küche plante.
Ich verstehe gut, wieso Geißendörfer zwei Mal pro Jahr hierher kommt, um neue Folgen der „Lindenstraße" zu schreiben. Und genauso beliebt ist das Schlösschen für Hochzeitsfeiern – die ideale Plattform zum Start in eine krisenfeste Ehe …
Also: Dieter Müller hat sich in Lerbach 1993 sofort 19 Gault-Millau-Punkte und einen Stern erkocht und 1994 folgte gleich der zweite Stern. Der dritte Stern und 19,5 Gault-Millau-Punkte kamen dann 1997 und „das war wie ein Oscar – ein Tag der unbeschreiblichen Freude, aber auch eine riesige Herausforderung,", erzählt Dieter Müller. Diese drei Sterne hat er seitdem ohne Unterbrechung erkocht und die 19,5 Gault-Millau-Punkte ebenso – das sagt alles! Ein Spitzenkoch, der alles gibt und alles einsteckt. Auch gesundheitlich. Auf einem Ohr hört er so gut wie nichts mehr, ein Gehörsturz. Daraus hat er gelernt: Krafttraining im medizinischen Fitness-Studio, täglich mit dem Jack Russel um die Häuser traben – und Reisen, die gönnt er sich jetzt noch mehr. Als nächstes will er Island, Schweden und Schanghai entdecken!

Mein Küchenerlebnis mit ihm heißt „Steinbuttfilet mit Staudensellerie-Schuppen auf Safran-Estragon-Fumet". Der erste Schock: Müller hat nicht nur Apothekenpreise, er kauft auch dort! „Den besten Safran bekommen Sie in der Apotheke." Ich lerne fürs Leben. Wie man den Fisch von den Schuppen befreit und sie ihm wieder zurückgibt, nur viel delikater – auch das gehört zu meiner Kochlektion! Staudensellerie-Schuppen schneiden und diese exakt auf das Steinbuttfilet legen. Nun verstehe ich, wieso es trotz seiner legendären Freundlichkeit in der Küche heißt: Dem Müller kann man nichts recht machen. „Bitte die Sellerieschuppe seitlich exakt anpassen, und unten selbstverständlich auch!" Kunstvoll sieht es aus, ein klassisches Dieter-Müller-Gemälde. Dafür eigentlich immens preiswert, oder?
Das weiße Fischfilet, die grünen Schuppen, die roten Tomaten und der gelbe Safran. Besser lässt sich die Farbauswahl für ein mediterranes Gemälde nicht gestalten. Der Geschmack aber auch nicht! Der schwankt zwischen göttlich und überirdisch: „Das wird alles im Kopf komponiert – die Farben und der Geschmack."
Diese unglaubliche Geschmackskomposition erleben besonders diejenigen, die sein „Amuse-Bouche-Menü" wählen. Das gibt's nur mittags, im Wintergarten, und zwei Stunden Zeit brauchen Sie mindestens dafür. Jeweils drei Amuse Bouches in fünf Gängen. Macht nach Adam Riese 15 Farben- und 15 Geschmacksexplosionen. Nehmen wir allein die Trilogie der Suppen: Sie finden Lachsfarbenes (Melonenkaltschale mit bretonischem Hummer und Hummer-Eis), Gelblich-Grünes (Cappucino von Curry und Zitronengras mit gebackener Jakobsmuschel) und Grünes (Creme von Zuckererbsen und Minze mit Sot-l'y-laisse von der Maispoularde).
Ein Mann im Glück? Ja und nein! Zwölf bis 15 Arbeitsstunden jeden Tag von Dienstag bis Sonntag prägen. Immerhin ist seine Frau als Restaurantchefin dabei, seit zwölf Jahren. Glück mit kleinem Häkchen „Ich kann zu Hause die Tür zumachen, die Probleme bleiben draußen. Meine Frau kann das nicht." Doch was stört das einen, der sich als „Mann der Kontraste" bezeichnet!?
Naja, aber er empfindet sich auch als „Mann der Harmonie". Sagen wir einfach: Dieter Müller ist ein genialer Kreativer, der eine starke Ader für Heimat hat, für Geborgenheit und Romantik.
Schloss Lerbach mit seinen Sandsteinmauern, dem rissigem Putz, den sympathisch schrägen Fensterläden, den Glyzinien und dem uralten Gingko-Baum davor ist das ideale Müller-Biotop: Der Gingko stammt nämlich aus den USA, aus den Zeiten vor dem Bau des Panama-Kanals – weshalb er rund um Südamerika an den Lerbach verschifft wurde. Hier scheut man keine Kosten, keine Mühe, wenn es der Kreativität hilft: Tradition meets Lebenskunst.
Auf mich wirkt das Lebens- und Kochmotto von Dieter Müller wie eine Frucht des um die Welt gereisten Gingko-Baums: „Gut Kochen ist für mich Herzenssache. Es braucht eine Mischung aus: Traditionelles nicht vergessen, Neues ausprobieren, viel experimentieren, gut kalkulieren, einander respektieren! Wenn diese Mischung stimmt, dann werden Freunde, Gäste und Familie jubilieren und genießen wie Gott in – Frankreich."

Dazu gehört Mut. Die eigene Küche als „badisch-französisch-asiatisch-italienisch" zu bezeichnen, dazu gehört geradezu Todesmut. Wie kann ein menschliches Wesen – auch wenn es sich erklärtermaßen um einen der Spitzenköche Europas handeln sollte – von sich behaupten, derart völkerverbindend wirken zu können? Ist es menschenmöglich, selbst für diesen megakreativen Starkoch, die Geschmackswelten unseres Planeten zum Kommunizieren zu bringen? Oh ja. Es ist möglich. Wie Dieter Müller die so verschiedenen Geschmacksausdrücke des internationalen Gewürz-Vokabulars auf einen genialen Erlebnis-Nenner verschmilzt, bleibt sein Geheimnis. Doch ich möchte behaupten: Diese Müller-Küche ist allerfeinste Völkerverständigung der Gaumen.

Dieter Müller

Steinbuttfilet mit Staudensellerie-Schuppen auf Safran-Estragon-Fumet

Kunst ist wichtig für Dieter Müller, und dieser Steinbutt mit Schuppen aus Staudensellerie ist nicht nur optisch preisverdächtig. Dass der Querschnitt einer Selleriestange der Fischschuppe ähnelt – gute Idee. Doch konsequent nach dem Designer-Motto „form follows function" – führen die gemüsigen Schuppen zu neuen Geschmackswelten.

6 Stangen Staudensellerie (schön grün und zart)
Salz
300 ml Fischfond
100 ml Noilly Prat
4 Steinbuttfilets (à 100 g)
Saft von 1/2 Zitrone
2 EL Selleriepüree (gekochter Knollensellerie, mit etwas Butter im Mixer fein püriert)
1/2 TL Speisestärke
100 g kalte Butter
10–12 Safranfäden
Butter für die Fettpfanne
einige Spritzer trockener Weißwein
4 EL Tomatenwürfelchen
1 EL Estragon, fein geschnitten
frisch gemahlener weißer Pfeffer

Für 4 Personen als Zwischengericht

Die Selleriestangen putzen, waschen und auf der Aufschnittmaschine in 1,5 mm dicke Scheiben schneiden. Die Selleriescheiben in kochendem Salzwasser 30 Sekunden bissfest garen, dann sofort in Eiswasser abschrecken und abtropfen lassen.

Den Fischfond zum Kochen bringen und auf die Hälfte einkochen lassen, den Noilly Prat getrennt ebenso auf die Hälfte reduzieren.

Die Steinbuttfilets waschen, trockentupfen und mit Salz und Zitronensaft würzen. Die Oberseite dünn mit Selleriepüree bestreichen. Die Selleriescheiben schuppenartig darauf anordnen und leicht andrücken. Den Backofen auf 190 °C vorheizen.

Den reduzierten Fischfond und Noilly Prat vermischen. 2 EL von dieser Flüssigkeit mit der Speisestärke verrühren und in die erhitzte Fischfond-Noilly-Prat-Mischung geben. Die Butter in kleine Stücke schneiden, in die Fischfond-Sauce geben und mit den Safranfäden unterschlagen.

Die Fischfilets nebeneinander in die mit Butter ausgestrichene Fettpfanne des Backofens legen und mit einigen Spritzern Weißwein beträufeln. Im heißen Backofen etwa 8 Minuten garen.

Kurz vor dem Anrichten die Tomatenwürfelchen und den Estragon in die Sauce geben und mit Salz und Pfeffer abschmecken. Die Sauce auf vorgewärmte Teller verteilen und die Fischfilets darauf anrichten.

WEINEMPFEHLUNG

Dazu empfiehlt der Sommelier des Hauses einen 2001er Chardonnay „R" Spätlese trocken vom Weingut Ökonomierat Rebholz aus der Pfalz. Der im Barrique ausgebaute Chardonnay mit seinem Schmelz und den zarten Röstnoten vereint sich perfekt mit der cremigen Sauce. Und dank seiner angenehmen Säure verstärkt er die würzigen Aromen des Staudenselleries.

„Die badische Küche ist die Basis für mich" – Dieter Müllers Eltern haben mit ihrem kleinen gastronomischen Betrieb das Ausnahmetalent ihres Sohnes wachgebrutzelt. Wo auch immer auf der Welt Dieter Müller kochte, entwickelte er eine hochsensible Spürnase für die besten lokalen Märkte. Und all das gipfelt in Kreationen wie dieser: Sot-l'y-laisse von der Maispoularde. Das, was der „Idiot" wegwirft, macht den Koch zum französischen Filou und adelt seine Küche – der Rest sind feinste Marktprodukte. Weltmeisterlich!

4 cl Noilly Prat
4 cl weißer Portwein
300 ml heller Geflügelfond
300 g Sahne
200 g Zuckererbsen (tiefgekühlt)
1/2 Bund Petersilie
10 Minzeblätter
60 g eiskalte Butter
Salz, Zucker
16 Sot-l'y-laisse von der Maispoularde
frisch gemahlener Pfeffer
1 EL geschlagene Sahne
Außerdem:
8 Holzspießchen oder Rosmarinzweige

Für 6–8 Personen

Dieter Müller

Creme von Zuckererbsen und Minze mit Sot-l'y-laisse von der Maispoularde

Den Noilly Prat mit dem Portwein auf die Hälfte einkochen lassen. Den Geflügelfond mit der Sahne zum Kochen bringen. Von den Zuckererbsen 1 EL beiseite legen, die übrigen in die Geflügelfond-Sahne-Mischung geben und kurz durchkochen lassen. Die Zuckererbsen mit dem Sahnefond, der Reduktion und der gewaschenen Petersilie im Mixer sehr fein pürieren. 6 gewaschene Minzeblätter und 30 g Butter in kleinen Stücken untermixen. Die Creme durch ein feines Sieb streichen, nochmals aufkochen lassen und mit Salz und Zucker abschmecken. Vor dem Servieren mit dem Stabmixer aufschäumen.

Die Sot-l'y-laisse waschen, mit Salz und Pfeffer würzen und in 20 g Butter in wenigen Minuten anbraten. Je 2 Sot-l'y-laisse auf einen Holzspieß oder gewaschenen Rosmarinzweig stecken. Die beiseite gelegten Zuckererbsen in der restlichen Butter schwenken. Jeweils etwas geschlagene Sahne und einige Erbsen in sechs bis acht vorgewärmte Tassen geben, die Spieße hineinstellen und mit der aufgeschäumten Suppe aufgießen. Die übrigen Minzeblättchen in feine Streifen schneiden und auf die Suppe streuen.

SO WIRD'S GUT!

Sot-l'y-laisse sind die kleinen nussgroßen Muskeln hinter den Schenkeln der Poularde. Einzeln ausgelöst findet man Sot-l'y-laisse kaum zu kaufen, für dieses Süppchen können Sie aber auch kurz gebratene Poulardenbruststreifen verwenden.

KOD°AK EPP 6005
EPP

KOD°AK EPP 6005
EPP

EPP 6005
KOD°AK EPP 6005

KOD°AK EPP 6005
EPP

Dieter Müller

Melonenkaltschale mit bretonischem Hummer und Hummer-Eis

Foto siehe Seite 19

Für das Hummer-Eis:
100 g Zitronengras
50 ml Noilly Prat
25 ml weißer Portwein
2 g Currypulver
250 ml Hummerfond-Reduktion
250 g Sahne
6 Eigelb (120 g)
100 g Zucker
25 ml Cognac
3 g Salz
Für die Melonenkaltschale:
1 Charentais-Melone
4 cl weißer Portwein
1 Messerspitze Vitamin C
200 ml Krustentierfond
1 EL Speisestärke
60 g Sahne
Salz
einige Tropfen Tabasco
1 cl Cognac
Außerdem:
1 bretonischer Hummer (etwa 450 g)
1/2 TL Estragon, fein geschnitten
6–8 Borretschblüten

Für 6–8 Personen

Für das Hummer-Eis das Zitronengras putzen, waschen, klein schneiden, in einen Topf geben und mit Noilly Prat und Portwein kochen lassen, bis die Flüssigkeit fast eingekocht ist. Den Curry, die Hummerfond-Reduktion und die Sahne dazugeben. Einmal aufkochen und 10 Minuten bei kleiner Hitze ziehen lassen. Die Eigelbe mit dem Zucker über einem Wasserbad schaumig schlagen. Die Hummersahne durch ein Sieb in die Eigelbmasse gießen und über dem Wasserbad miteinander dickschaumig aufschlagen. Mit Cognac und Salz abschmecken und leicht abgekühlt in der Eismaschine gefrieren lassen.

Die Melone halbieren, die Kerne entfernen und das Fruchtfleisch mit einem kleinen Kugelformer ausstechen. 4 EL Melonenkugeln mit 2 cl Portwein marinieren. Das restliche Melonenfleisch mit dem übrigen Portwein und dem Vitamin C im Mixer fein pürieren, durch ein feines Sieb streichen und kalt stellen.

Den Krustentierfond auf die Hälfte einkochen lassen. Die Speisestärke mit wenig kaltem Wasser anrühren und unter den Fond schlagen. Die Sahne dazugießen und nochmals aufkochen. Die Sauce mit Salz, Tabasco und Cognac fein abschmecken, durch ein Sieb streichen und kühl stellen.

Den Hummer mit dem Kopf voran in reichlich kochendes Salzwasser geben und in 4 1/2 Minuten siedend garen. Anschließend etwa 20 Sekunden in Eiswasser abschrecken und sofort den Schwanz und die Scheren ausbrechen. Das Hummerfleisch auslösen und in Stücke schneiden, dabei den Darm entfernen.

Kurz vor dem Servieren die Melonenkaltschale mit der Krustentiersauce vermischen und mit den Melonenkugeln und den Hummerstückchen in hübschen Gläsern anrichten. Mit Estragon bestreuen und jeweils eine Nocke Hummer-Eis darauf setzen. Jedes Glas mit 1 Borretschblüte dekorieren.

SO WIRD'S GUT!

Die feinsten Hummer kommen aus der Bretagne und schmecken in den Sommermonaten am besten.

Foto siehe Seite 19

Dieter Müller

Cappuccino von Curry und Zitronengras mit gebackener Jakobsmuschel

Für den Cappuccino:
100 ml Noilly Prat
50 ml weißer Portwein
80 ml Weißwein
5 Stängel Zitronengras, klein geschnitten
2 Kaffir-Limettenblätter
4 Schalotten
1/2 Stange Lauch
300 ml Geflügelfond
300 g Sahne
1 EL Currypulver (Madras)
1 Messerspitze grüne Currypaste
4 EL Kokosflocken
1 Apfel (Granny Smith)
1/2 Baby-Ananas
1/2 Banane
3 Stängel glatte Petersilie
60 g kalte Butter
Salz
Für die Jakobsmuschel-Einlage:
8 Jakobsmuscheln
Salz
1 EL Mehl
2 EL frisch geriebenes Weißbrot
1/2 TL Rote-Bete-Pulver
1 Msp. rotes Thai-Curry-Pulver
1 Ei
geschmacksneutrales Öl zum Frittieren

Für 6–8 Personen

Den Noilly Prat mit Portwein, Weißwein, Zitronengras und den gewaschenen Limettenblättern erhitzen und auf die Hälfte einkochen lassen. Die Schalotten schälen, den Lauch putzen und waschen. Schalotten und Lauch klein schneiden, in die reduzierte Weinmischung geben und den Geflügelfond dazugießen. Die Flüssigkeit 5 Minuten bei kleiner Hitze kochen lassen, dann die Sahne, das Currypulver, die Currypaste und die Kokosflocken hinzufügen und weitere 10 Minuten ziehen lassen.

Die Früchte schälen, den Apfel entkernen. Alles in Stücke schneiden und mit der gewaschenen Petersilie im Mixer fein pürieren. Das Fruchtpüree unter die Cremesuppe mischen und bei kleiner Hitze 5 Minuten kochen lassen. Die Mischung durch ein Passiertuch streichen und die Butter in kleinen Stücken unterrühren. Mit Salz würzig abschmecken.

Die Jakobsmuscheln mit einem robusten Messer öffnen. Auf der flachen Seite der Muschel den Schließmuskel mit einem Messer durchtrennen und das Fleisch auslösen. Das Muschelfleisch waschen, trockentupfen, salzen und in Mehl wenden. Die Weißbrotbrösel mit Rote-Bete-Pulver und Thai-Currypulver vermischen. Die Muscheln erst im verquirlten Ei, dann in der Bröselmischung wenden.

Das Öl auf 180 °C erhitzen und die Jakobsmuscheln darin etwa 2 Minuten frittieren. Den „Cappuccino“ mit dem Stabmixer aufschäumen und in Kaffeetassen verteilen. Die Jakobsmuscheln halbieren und in die Tassen legen.

SO WIRD'S GUT!

Je schwerer sich die Schale der Jakobsmuschel öffnen lässt, desto frischer ist die Muschel.

Dieses Gericht demonstriert menschliche Größe: Es wurde von Dieter Müllers Küchenchef und Nachfolger Nils Henkel kreiert. Müller hat Henkel unter Hunderten von Anwärtern ausgewählt. Seit 1999 kocht Müllers engster Koch-Vertrauter auf Schloss Lerbach, seit 2004 ist er Küchenchef, und heute geht nichts raus zum Gast, was nicht von Müller oder Henkel abgenommen wäre. Ihre gemeinsame Devise: „Für jeden Gast Bestleistung geben."

Nils Henkel

Duo von Thunfisch und Gewürzlachs mit Knusper-Cannelloni, Guacamole und Kaviarcreme

Für den Guacamole:
1/2 reife Avocado
1 EL Koriandergrün
1 EL natives Olivenöl extra
1 TL Limonenöl
1 TL weißer Balsamico-Essig
1 Messerspitze Estragonsenf
1 Messerspitze Harissa
Salz, frisch gemahlener Pfeffer
Zucker
Für das Fisch-Duo:
100 g Thunfischfilet
1 EL Pinienkernöl
100 g Gewürzlachs (siehe Seite 184)
2 EL Crème fraîche
1 TL Limettensaft
Salz, frisch gemahlener Pfeffer
4 Radieschen
1 Minigurke
Für die Knusper-Cannelloni:
8 fertige Cannelloni aus Filoteig (siehe Seite 26)
50 g Kresse-Mousse (siehe Seite 26)
50 g Lachs-Mousse (siehe Seite 27)
Für die Garnitur:
Kräuterblüten, Schnittlauch, Kerbelblättchen, Kresse
2 TL Imperial-Kaviar
2 TL Lachs-Kaviar
2 EL Ingwer-Soja-Dip (siehe Seite 185)

Für 4 Personen als Vorspeise

Die Avocado schälen, den Kern entfernen und das Fruchtfleisch in Stücke schneiden. Mit den übrigen Zutaten im Mixer nur ganz kurz zu einem keinesfalls zu feinen Guacamole pürieren.

Das Thunfischfilet mit Pinienkernöl bestreichen und in einer heißen beschichteten Pfanne rundherum ganz kurz anbraten. Das Thunfischfilet und den Gewürzlachs in je vier exakte Rechtecke schneiden. Die Crème fraîche glatt rühren und mit Limettensaft, Salz und Pfeffer abschmecken. Die Radieschen und die Gurke putzen, waschen und erst in dünne Scheiben, dann in feine Streifen schneiden. Mit etwas Pinienkernöl, Limettensaft, Salz und Pfeffer marinieren.

Die Knusper-Cannelloni abwechselnd mit Kresse- und Lachs-Mousse füllen.

Den Guacamole in Rechtecken auf vier Tellern anrichten und mit je einem Stück Lachs und Thunfisch nebeneinander belegen. Den Radieschen-Gurken-Salat in der Mitte anrichten und mit Kräuterblüten, Schnittlauch, Kerbel und Kresse dekorieren. Die gefüllten Cannelloni rechts und links davon platzieren. Mit der Crème fraîche, Kaviar sowie mit fein aufgespritzten Linien aus Ingwer-Soja-Dip garnieren.

SO WIRD'S GUT!

So wird die Vorspeise bei Dieter Müller serviert. Viel Arbeit, wenn man alleine in der Küche steht. Sie können es sich aber wesentlich einfacher machen, wenn Sie auf die Knusper-Cannelloni mit den zwei Füllungen verzichten.
Dieter Müller bevorzugt die großblättrige rote Shiso-Kresse, weil diese dekorativer aussieht und noch würziger schmeckt. Sie ist aber leider schwer zu bekommen. Natürlich geht es auch mit üblicher Gartenkresse.

Nils Henkel
Knusper-Cannelloni mit Kresse-Mousse

Für die Kresse-Mousse:
150 g mehlig kochende Kartoffeln
25 g Schalotten
25 ml Olivenöl
100 ml Noilly Prat
50 ml Weißwein
250 ml Geflügelfond
4 Blatt Gelatine
70 g Kresseblättchen
20 g Petersilienblättchen
100 g Crème fraîche
1 TL Limonen-Olivenöl
1 Messerspitze Wasabi-Pulver
Salz, frisch gemahlener Pfeffer
50 g Eiweiß
1/2 TL Zucker
1 Prise Salz
Für die Knusper-Cannelloni:
1 Packung Filoteig (etwa 450 g)
Pinienkernöl
Salz, frisch gemahlener Pfeffer
Sesamsamen

Für etwa 36 Cannelloni

Foto siehe Seite 25

Die Kartoffeln und die Schalotten schälen. Beides in kleine Würfel schneiden und im erhitzten Olivenöl kurz schwenken. Mit Noilly Prat und Weißwein ablöschen und die Flüssigkeit auf die Hälfte einkochen lassen. Den Geflügelfond hinzufügen und bei kleiner Hitze kochen lassen, bis die Kartoffeln weich sind. Kartoffeln in der Flüssigkeit zerdrücken, 250 g von dieser Kartoffel-Emulsion abwiegen und die in kaltem Wasser eingeweichte, gut ausgedrückte Gelatine unterrühren und etwas abkühlen lassen.

Die gewaschenen Kräuter grob hacken und mit der Kartoffel-Emulsion im Mixer etwa 5 Minuten sehr fein pürieren. Dabei die Crème fraîche und das Limonen-Olivenöl hinzufügen. Mit Wasabi, Salz und Pfeffer würzig abschmecken. Die Masse durch ein feines Sieb streichen und in eine Schüssel mit Eiswürfeln stellen. Das Eiweiß mit Zucker und Salz zu cremigem Eischnee schlagen und gleichmäßig unter die leicht gelierende Kressecreme heben. Die Kresse-Mousse kalt stellen.

Den Backofen auf 200 °C vorheizen. Den Filoteig dünn mit Pinienkernöl bepinseln und längs in 5 cm breite Streifen schneiden. Die Streifen leicht überlappend um Alurohre von 12 mm Durchmesser wickeln. Die Teigrohre nebeneinander auf Silikon-Backmatten legen und im Backofen in 3 bis 4 Minuten goldgelb backen. Die Cannelloni vorsichtig von den Rohren abziehen und mit Salz, Pfeffer und Sesam würzen.

Das Kresse-Mousse in einen Spritzbeutel füllen und die Masse kurz vor dem Servieren in die abgekühlten Cannelloni füllen.

SO WIRD'S GUT!
In Dieter Müllers Küche bevorzugt man Silikonmatten, wenn es um Backunterlagen geht. Empfindliches Backwerk löst sich leicht davon. Sie können die Cannelloni aber auch auf Backpapier legen. Wenn Sie nicht so viele Cannelloni benötigen – keine Sorge, sie schmecken auch pur als Knabbergebäck zum Aperitif.

Foto siehe Seite 25

Nils Henkel

Lachs-Mousse für Knusper-Cannelloni

Für etwa 36 Cannelloni

Für die Lachs-Mousse:
50 g Lauch (nur der weiße Teil)
20 g Schalotten
20 ml Pinienkernöl
50 ml Noilly Prat
50 ml Weißwein
1 1/2 Blatt Gelatine
1 Messerspitze Rote-Bete-Granulat
125 g Gewürzlachs (siehe Seite 184)
75 g Räucherlachs
100 g Crème fraîche
1 TL Limonen-Olivenöl
Salz, frisch gemahlener Pfeffer
Zitronensaft
1/2 EL Kräuter, fein gehackt (Kerbel, Koriander)
1 Messerspitze Wasabi-Pulver
50 g Eiweiß
1 TL Zucker
1 Prise Salz
Außerdem:
1 Packung Filoteig (etwa 450 g)
Pinienkernöl
Salz, frisch gemahlener Pfeffer
Sesamsamen

Den Lauch putzen und waschen, die Schalotten schälen. Beides in feine Streifen schneiden und im erhitzten Pinienkernöl kurz schwenken, mit Noilly Prat und Weißwein aufgießen und etwas einkochen lassen. Die in kaltem Wasser eingeweichte, gut ausgedrückte Gelatine sowie das Rote-Bete-Granulat unterrühren. Die Gemüsemischung mit dem klein geschnittenen Gewürzlachs, Räucherlachs und der Crème fraîche im Mixer etwa 5 Minuten sehr fein pürieren. Die Masse mit Limonen-Olivenöl, Salz, Pfeffer, Zitronensaft, Kräutern und Wasabi würzig abschmecken. Das Eiweiß mit Zucker und Salz zu cremigem Eischnee schlagen und gleichmäßig unter die Lachs-Mousse ziehen. Kalt stellen.

Die Cannelloni wie im nebenstehenden Rezept zubereiten.

Die Lachs-Mousse in einen Spritzbeutel einfüllen und die abgekühlten Cannelloni kurz vor dem Servieren damit füllen.

SO WIRD’S GUT!

Das Granulat von Roten Beten bekommt man in der Apotheke als Nahrungsergänzungsmittel. Dieter Müller verwendet es, weil es auf natürliche Weise die Farbe intensiviert.
Lachs-Mousse auf Weißbrotscheiben, Vollkorntaler oder Kräcker gestrichen – im Handumdrehen sind kleine Appetithappen angerichtet.

Dieter Müller

Gebratener Seeteufel mit Zitrus-Fumet auf Sauté von Melonen

1/2 Wassermelone, entkernt
1 weiße Zwiebel
Salz
1 Seeteufel (etwa 1,2 kg; küchenfertig)
20 Stangen Wildspargel
4 Schnittlauchhalme
10 ml Olivenöl
10 ml Limonen-Olivenöl
10 g Butter
frisch gemahlener Pfeffer
Für den Zitrus-Fumet:
500 ml Fischfond
200 g Sahne
20 ml Riesling
60 ml Sauternes (reduziert auf 20 ml)
60 ml Noilly Prat (reduziert auf 20 ml)
100 ml Saft von je 1 Grapefruit, Orange und Zitrone (reduziert auf 30 ml)
120 ml Krustentierfond (reduziert auf 60 ml)
100 g kalte Butter
1 EL Limonen-Olivenöl
1 TL Orangen-Olivenöl
1/2 TL Harissa oder 1 Spritzer Tabasco
Meersalz, frisch gemahlener Pfeffer
Olivenöl zum Braten
einige Basilikumblätter

Für 4 Personen als Hauptgericht

Von der Melone 160 g schönes, festes Fruchtfleisch in Würfel schneiden oder mit einem Ausstecher zu kleinen Kugeln formen.

Die Zwiebel schälen und in kleine Würfel schneiden. Die Zwiebelwürfel in kochendem Salzwasser 20 Sekunden blanchieren und kalt abschrecken.

Den Seeteufel am besten vom Fischhändler häuten und in etwa 120 g große Kotelettstücke (mit Mittelgräte) schneiden lassen. Den Spargel waschen, auf 8 cm Länge schneiden, in kochendem Salzwasser 20 Sekunden blanchieren und in Eiswasser abschrecken. Den Schnittlauch 2 Sekunden in das heiße Salzwasser halten und ebenfalls in Eiswasser tauchen. Jeweils 5 Spargelstangen mit Schnittlauch zusammenbinden und beiseite legen.

Das Olivenöl und Limonen-Olivenöl sowie die Butter in einer Pfanne erhitzen und die blanchierten Zwiebelwürfel kurz darin schwenken. Mit Salz und Pfeffer würzen, die Melonenstücke dazugeben und zugedeckt etwa 5 Minuten warm halten.

Für den Zitrus-Fumet Fischfond, Sahne, Riesling und alle Reduktionen in einen Topf geben und 5 Minuten bei kleiner Hitze kochen lassen. Die Butter in kleinen Stücken und die Öle mit dem Stabmixer unterschlagen und den Fumet mit den weiteren Zutaten sehr würzig abschmecken. Kurz vor dem Servieren mit dem Stabmixer aufschäumen.

Das Olivenöl in einer beschichteten Pfanne erhitzen und die Seeteufelkoteletts darin auf beiden Seiten goldbraun und saftig braten. Die Basilikumblätter waschen, in Streifen schneiden und unter das warme Melonen-Zwiebel-Sauté geben. Nochmals mit Salz und Pfeffer abschmecken. Das Sauté auf vier vorgewärmte tiefe Teller verteilen. Den mit Salz und Pfeffer gewürzten Fisch dazulegen, den Spargel darauf anrichten und mit heißem, aufgeschäumtem Fumet beträufeln.

SO WIRD'S GUT!

Diese leicht scharfe, fruchtige Sauce passt sehr gut zu pochierten und gebratenen Fischgerichten, aber auch zu Krustentieren.
Zu den bissfest gekochten Zwiebeln passen auch gut grüne oder rote Basilikumblättchen. Den wilden Spargel, den es nur kurze Zeit auf dem Markt gibt, können Sie auch durch ein anderes Gemüse der Saison ersetzen.

Diese schräge Kombination werden sich Ihre Geschmacksknospen auf ewig merken: Das Farbspiel von grüner Gurke mit roséfarbener Makrele und violettem Senf – das könnte Karl Lagerfeld entworfen haben. Die Frage ist nur: Was, bitte, ist violetter Senf? Ganz einfach: Der wird aus Maische von tief dunkelroten Trauben hergestellt. Und schmeckt natürlich fantastisch. Alles Müller, oder was?

Dieter Müller

Saltimbocca und mariniertes Filet von bretonischer Makrele auf Gartengurken mit Trauben-Senf-Eis

Für das Trauben-Senf-Eis:
125 g Zucker
150 ml Wasser
500 g Traubenpüree (aus dem Glas)
25 g Moutarde violette (violetter Senf)

Für die marinierte Makrele:
1 Makrele (300 g)
1 EL Limonen-Olivenöl
frisch gemahlener schwarzer Pfeffer
frisch gemahlener rosa Pfeffer
Meersalz

Für die Saltimbocca:
1 Messerspitze Sardellenpaste
Salz, frisch gemahlener Pfeffer
1 dünne Scheibe Pancetta
2 Salbeiblätter
2 zarte, hellgrüne Lauchblätter (von einer dicken Stange, etwa 12 cm lang)
Olivenöl

Für den Gurkensalat:
1 Minigurke
1 Dillstängel
weißer Balsamico-Essig
natives Olivenöl extra
Fleur de sel, frisch gemahlener Pfeffer

Für die Garnitur:
Moutarde violette (violetter Senf)
Crème fraîche
Dill- oder Kräuterblüten

Für 4 Personen als Vorspeise

Für das Trauben-Senf-Eis Zucker und Wasser aufkochen, das Traubenpüree und den violetten Senf hinzufügen und im Mixer kurz vermischen. In einer Eismaschine gefrieren lassen.

Die Makrele häuten, filetieren und die kleinen Gräten mit einer Pinzette entfernen. Von jedem Filet zwei kleine Stücke abschneiden, die beiden Schwanzstücke beiseite legen, die übrigen vier Stücke mit Limonen-Olivenöl, schwarzem und rosa Pfeffer sowie Meersalz würzen und etwa 20 Minuten zugedeckt kühl stellen.

Die beiseite gelegten zwei Filetstücke dünn mit Sardellenpaste bestreichen. Leicht mit Salz und Pfeffer würzen, mit der Pancetta-Scheibe und den gewaschenen Salbeiblättern längs belegen. Die Filets aufeinander legen und mit den blanchierten Lauchblättern umhüllen. Die Hülle gut festdrücken.

Die Minigurke waschen und halbieren. Eine Hälfte in winzige Würfel schneiden und mit dem gewaschenen, fein geschnittenen Dill, Balsamico-Essig, Olivenöl und Fleur de sel würzen. Die zweite Hälfte in dünne Scheiben schneiden und auf den Tellern anordnen. Mit Salz und Pfeffer würzen. Den Gurkensalat darüber verteilen. Die marinierten Makrelenfilets halbieren und jeweils zwei Hälften auf den Salat legen.

Den Backofen auf 170 °C vorheizen. Die Makrelen-Lauch-Rolle in Olivenöl bei mittlerer Hitze rundherum anbraten, auf einen ofenfesten Teller geben und im heißen Backofen weitere 3 Minuten garen.

Die Rolle in vier Scheiben schneiden und auf den Tellern anrichten. Mit zwei nassen Esslöffeln vier Nocken aus dem Trauben-Senf-Eis formen und daneben legen. Mit einigen Tupfen violettem Senf und Crème fraîche sowie Blüten garnieren.

11 Langoustines (Kaisergranate, Größe 10/15)
Olivenöl zum Braten und Frittieren
2 Schalotten
2 Stangen Staudensellerie
1/2 Stange Lauch
1/2 TL Koriandersamen
1/2 TL Pfefferkörner
1/2 TL grüner Anis
1 Lorbeerblatt
100 ml Weißwein
100 ml Noilly Prat
300 ml Fischfond
1/2 TL Speisestärke
1/2 Bund frischer Koriander
1/2 Bund Petersilie
Salz, frisch gemahlener Pfeffer
200 ml Olivenöl
1 EL natives Olivenöl extra
Zitronensaft
12 Wan-Tan-Teigblätter (12 x 12 cm)
8 Gewürzzwiebel-Scheiben (siehe Seite 184)
Zwiebel-Confit (siehe Seite 185)
Korianderöl (siehe Seite 184)

Für 4 Personen als Hauptgericht

Nils Henkel

Langoustines mit Gewürzzwiebel-Wan-Tan und Koriander-Olivenöl-Emulsion

Die Langoustines aus den Schalen brechen, jeweils den Kopf abdrehen und den Darm entfernen. Die Langoustines waschen und kalt stellen.

Die Karkassen in wenig Olivenöl andünsten. Die Schalotten schälen, Sellerie und Lauch putzen und waschen. Schalotten und Gemüse in Stücke schneiden, mit den Gewürzen zu den Karkassen geben und ebenfalls andünsten. Mit Weißwein und Noilly Prat ablöschen und mit dem Fischfond aufgießen. Bei kleiner Hitze etwas einkochen lassen, dann durch ein feines Sieb passieren, und den Fond erneut etwas einkochen lassen. Die Speisestärke mit wenig kaltem Wasser anrühren, unter den Fond schlagen und kurz aufkochen lassen.

Den Koriander und die Petersilie waschen, die Blättchen abzupfen und ein paar Korianderblätter beiseite legen. Die übrigen Kräuterblätter im Mixer mit dem Fond pürieren und mit Salz und Pfeffer würzen, durch ein Sieb passieren und erneut im Mixer mit dem Olivenöl mixen, bis eine cremige Emulsion entsteht. Kalt stellen.

3 Langoustines in Würfel schneiden und kurz im Tiefkühlgerät anfrieren lassen. Mit dem nativen Olivenöl extra im Mixer zu einer glatten Farce pürieren und mit Salz, Pfeffer und etwas Zitronensaft abschmecken.

4 Wan-Tan-Teigblätter mit je 1 TL Langoustines-Farce bestreichen. Jeweils 1 abgetrocknete Scheibe rote Gewürzzwiebel sowie 1 Korianderblatt darauflegen und mit einem zweiten Teigblatt bedecken. Die Teigränder mit den Fingern gut andrücken und mit einem gewellten Ausstecher von 70 mm Durchmesser Ravioli ausstechen. Aus den restlichen 4 Teigblättern ebenfalls Kreise ausstechen und diese in Olivenöl knusprig ausbacken.

Die Wan-Tan-Täschchen auf ein Dämpfsieb legen und über leicht siedendem Wasserdampf (85 °C) etwa 3 Minuten garen.

Die ausgelösten Langoustines mit Salz und Pfeffer würzen und in etwas Olivenöl kurz andünsten. Zum Schluss die beiseite gelegten gehackten Korianderblätter unterschwenken.

Die übrigen Gewürzzwiebel-Scheiben und die Wan-Tans nebeneinander auf vier Tellern anrichten. Etwas Zwiebel-Confit auf die Zwiebelscheiben häufen und je 2 Langoustinos daneben anrichten. Die erwärmte Emulsion mit dem Stabmixer kurz aufschäumen und die Wan-Tan-Täschchen damit beträufeln. Die gebackenen Wan-Tan-Blätter anlegen und mit einigen Tropfen Korianderöl marmorieren.

WEINEMPFEHLUNG

Dieses Gericht mit seinen selbstbewussten Zutaten braucht eine starke Begleitung. Der Sommelier empfiehlt die leicht gereifte Riesling-Spätlese vom Weingut Reichsrat von Buhl aus der Pfalz – ein „Großes Gewächs“ mit perfekter Harmonie von Säure und Körper.

Nils Henkel

Taube und Stubenküken im Mais-Biskuit mit Portwein-Anis-Sauce und Spargelgemüse

Für den Mais-Biskuit:
40 ml Noilly Prat
50 g Eigelb
10 g Zucker
10 g Mehl
30 g Maismehl
60 g Eiweiß
5 g Salz
10 g Speisestärke
1/2 TL Kräuter der Saison, fein gehackt
1 EL Maiskörner, gegart und püriert
Für die Geflügelfüllung:
2 Taubenbrüste
Salz, frisch gemahlener Pfeffer
2 EL Geflügel-Farce (siehe Seite 185)
4 Trüffelscheiben
2 Stubenkükenbrüste
einige große Spinatblätter
Butter zum Braten
Für die Portwein-Anis-Sauce:
300 ml dunkler Kalbsfond
100 ml roter Portwein
1 Thymianzweig
1 TL grüner Anis
1 EL kalte Butter
Außerdem:
6 Stangen grüner Spargel
8 Stangen weißer Spargel
Salz
etwas Butter
Rahm-Polenta (siehe Seite 184)

Für 4 Personen als Hauptgericht

Die Taubenbrüste mit Salz und Pfeffer würzen und mit etwas Geflügel-Farce bestreichen. Mit jeweils 2 Trüffelscheiben belegen und darauf je 1 mit Salz und Pfeffer gewürzte Stubenkükenbrust legen. Die Spinatblätter kurz blanchieren, eiskalt abschrecken und mit Küchenpapier trockentupfen. Die Fleischpakete mit den Spinatblättern umhüllen, festdrücken und kühl stellen.

Für den Mais-Biskuit den Noilly Prat auf die Hälfte einkochen lassen. Den Backofen auf 200 °C vorheizen. Eigelb und Zucker mit der Noilly-Prat-Reduktion schaumig aufschlagen. Das gesiebte Mehl und das Maismehl unter die Eigelbmasse rühren. Das Eiweiß mit Salz steif schlagen und dabei nach und nach die Speisestärke einstreuen. Die Eigelbmasse vorsichtig unter die Eischneemasse heben, Kräuter und pürierten Mais hinzufügen und die Masse 3 mm dünn auf eine Silikon-Backmatte streichen. Im heißen Backofen in 3 bis 4 Minuten goldgelb backen.

Die gebackene Biskuitplatte in zwei gleich große Rechtecke schneiden, mit der restlichen Farce dünn bestreichen und die Fleischpäckchen mit dem Biskuit umhüllen. Fest mit Frischhaltefolie umwickeln und 30 Minuten kühl stellen.

Für die Portwein-Anis-Sauce den Kalbsfond mit dem Portwein, dem gewaschenen Thymianzweig und den zerdrückten Aniskörnern auf etwa die Hälfte einkochen lassen. Die Sauce durch ein Sieb abgießen und die Butter in Stückchen unterrühren.

Die Spargelstangen schälen, in Salzwasser bissfest garen (grünen Spargel in wenigen Minuten, weißen Spargel in 12 bis 15 Minuten) und in Eiswasser abschrecken. Den Backofen auf 180 °C vorheizen.

Die Biskuitpäckchen in Butter rundherum goldgelb anbraten, dann auf einem Gitter im Backofen in 10 Minuten fertig garen und danach noch 3 Minuten ruhen lassen. Die Spargelstangen kurz in heißer Butter schwenken und auf vier vorgewärmten ovalen Tellern verteilen. Etwas Rahm-Polenta in die Mitte der Teller häufen. Die Biskuitpäckchen längs halbieren, auf die Rahm-Polenta setzen und die Portwein-Anis-Sauce rundherum verteilen.

WEINEMPFEHLUNG

Der griechische Tafelwein Trilogia vom Weingut Kokkalis begleitet das zarte Fleisch, ohne es zu dominieren. Der ungewöhnliche Rotwein ist aus Cabernet Sauvignon vinifiziert und begeistert durch dichte Struktur, sanfte Tannine und reichlich Frucht.

Foto nachfolgende Doppelseite: Die berühmte Käseplatte aus dem Restaurant Dieter Müller.

Dieter Müller

Erdbeeren auf bretonischem Sablé mit Gianduja-Creme und Sauerrahm-Rhabarber-Eis

Für den bretonischen Sablé:
100 g Mehl
4 g Backpulver
50 g gesalzene Butter
1 Eigelb
40 g Zucker
Mark von 1/2 Vanilleschote

Für die Gianduja-Creme:
50 g Sahne
50 g Vollmilch-Kuvertüre
50 g dunkle Nougatmasse
100 g geschlagene Sahne

Für den Erdbeer-Rhabarber-Schaum:
75 g Rhabarbersaft
25 g Zucker
1 Blatt weiße Gelatine
25 g pürierte Erdbeeren
75 g Sahne

Für das Sauerrahmeis:
50 g Glukose
50 g Zucker
35 ml Zitronensaft
250 g Sauerrahm

Für das Rhabarbereis:
250 g Rhabarberpüree
75 g Zucker
35 g Butter
10 g Eigelb

Außerdem:
einige Erdbeeren für den Belag und die Garnitur
Mandel-Hippen (siehe Seite 185)

Für 6–8 Personen

Den Backofen auf 160 °C vorheizen. Das Mehl mit dem Backpulver vermischen und in eine Schüssel geben. Die Butter in kleinen Stücken dazugeben und alles zu einer sandigen Masse verkneten. Eigelb, Zucker und Vanillemark cremig schlagen und zur Mehl-Butter-Masse rühren. Den Teig kurz durchkneten, ausrollen, in sechs bis acht beliebige Rechtecke schneiden und im heißen Backofen in wenigen Minuten goldbraun backen.

Für die Gianduja-Creme die Sahne aufkochen und die Kuvertüre und die Nougatmasse darin schmelzen lassen. Den Topf von der Kochplatte nehmen und unter Rühren abkühlen lassen. Die Sahne unterheben und die Creme kalt stellen.

Für den Erdbeer-Rhabarber-Schaum den Rhabarbersaft mit dem Zucker aufkochen. Die in kaltem Wasser eingeweichte und gut ausgedrückte Gelatine darin auflösen. Das Erdbeerpüree und die Sahne unterrühren. Die Flüssigkeit in einen Sahne-Siphon füllen und kalt stellen.

Für das Sauerrahmeis die Glukose mit dem Zucker und dem Zitronensaft über einem Wasserbad unter Rühren auflösen. Den Sauerrahm unterrühren und die Masse in einer Eismaschine gefrieren lassen.

Für das Rhabarbereis das Rhabarberpüree mit dem Zucker aufkochen. Nach und nach die Butter und das Eigelb dazugeben und die Masse mit dem Stabmixer aufschlagen. In eine Eismaschine füllen und gefrieren lassen.

Die beiden gefrorenen Eissorten abwechselnd in einen Behälter schichten und erneut einfrieren.

Die Erdbeeren waschen und putzen. 2 bis 3 Erdbeeren fein pürieren, den Rest in Würfel schneiden und einen Teil davon mit dem Erdbeerpüree vermischen. Die Erdbeermischung auf den Sablé-Stücken verteilen, jeweils 1 Mandelhippe darauflegen und mit dem Spritzbeutel zwei Streifen Gianduja-Creme aufspritzen.

Die restlichen Erdbeerwürfel in Gläser verteilen, den Erdbeer-Rhabarber-Schaum daraufspritzen und mit je einer Nocke marmoriertem Eis servieren. Als Dekoration eignen sich Schokoladenwelle, Erdbeeren, Vanillesauce und frische Minzeblätter.

SO WIRD'S GUT!

Jedes der vielen Bestandteile dieses verführerischen Desserttellers ist ein Dessert für sich. Das Sauerrahmeis schmeckt auch solo, nur mit frischen marinierten Erdbeeren. Und der bretonische Sablé ist auch nur mit Erdbeer-Rhabarber-Schaum oder Rhabarbereis lecker. Alle Desserts zusammen sind für den Ungeübten ein mehrstündiges Programm, allerdings, so hat mir Chef-Pâtissier Frédéric Guillon versichert, kann man alles in Ruhe vorbereiten. Bei Dieter Müller nimmt man für dieses Dessert am liebsten Gariguette-Erdbeeren. Das ist eine besonders aromatische Erdbeersorte aus Frankreich.

Foto vorhergehende Doppelseite: Grandhotel Schloss Bensberg.

ZU GAST BEI JOACHIM WISSLER IM GRANDHOTEL SCHLOSS BENSBERG

„Wer sich mit dem Zeitgeist vermählt, muss damit rechnen, bald Witwer zu werden.“ (August Everding)

Auf Schloss Bensberg gibt es – so wurde mir glaubhaft versichert – kein einziges Schlossgespenst. Und in der Küche sucht man vergebens den international grassierenden Zeitgeist.

Was das Schlossgespenst angeht, so kann ich gut verstehen, dass hier seit Anbeginn der Schlossgeschichte, keines heimisch geworden ist. Was Kurfürst Johann Wilhelm II. im Jahr 1705 zu bauen begann, war zwar gigantisch und hätte durchaus eine ideale Behausung für ein Schlossgespenst werden können: architektonisch eine Kreuzung aus Versailles und Winchester Castle (wo es bekanntlich vor Gespenstern nur so wimmelte), erbaut auf der Bensberger Bergterrasse, mit atemberaubendem Blick auf die Domstadt Köln. Da hätte ein Gespenst so manche beglücken oder erschrecken können! Doch es kam nie dazu. Der Kurfürst starb, ohne dieses Prachtschloss nur ein einziges Mal genutzt zu haben. Seine Witwe, Maria-Luisa aus dem Geschlecht der Medici, kehrte flugs nach Italien zurück. So wurde der imposante Bau ein Mahnmal der Unvollkommenheit. Das Schloss diente als Kaserne, später als Unterkunft für die Nationalsozialisten und danach als Obdachlosen- und Asylbewerberheim.

Um als Nobelherberge der internationalen Luxusklasse mit Namen wie Robbie Williams, Lionel Ritchie, Ricky Martin, Mick Jagger oder REM auf der Gästeliste glänzen zu können, bedurfte es zwei entschlossener Retter: Der Aachener & Münchener Lebensversicherung als Investor und Thomas H. Althoff als erfahrenem und engagiertem Lenker von Luxushotels. Im August 2000 wurde das Grandhotel in seiner vollen Pracht eröffnet und damit sozusagen das Projekt des Kurfürsten nach 295 Jahren Bauzeit vollendet. Für Schlossgespenster eine zu lange Zeit! Deshalb können die vielen Brautpaare sicher sein, wenn sie in dem einzigen originalen Raum, dem Zanetti-Salon, standesamtlich getraut werden, dass sie nur von harmlosen, neuzeitlichen Geistern umtänzelt werden. Das mit dem fehlenden Schlossgespenst wäre also erklärt. Jetzt muss ich natürlich die provozierende Behauptung belegen, weshalb hier auch das andere Gespenst, der modische Zeitgeist in der Küche, fehlen soll.

Joachim Wissler mit seinen drei Michelin-Sternen und neunzehn Gault-Millau-Punkten weigert sich, modischen Show-Effekten die Tür zu öffnen. Moderne Küche, gerne – aber bitte nach Wissler-Art. Passend zu seiner Bodenständigkeit residiert er im ehemaligen Gesindehaus. Vendôme, der Name seines Gourmet-Restaurants, hat mich allerdings ein wenig in die Irre geführt. Ich erwartete eine klassische französische Küche. Die gibt es hier aber nicht, vielmehr eine Kochkunst völlig auf die Produktqualität konzentriert, raffininiert kombiniert und harmonisch ausbalanciert. Logisch, dass eine derartige Kochperfektion in der französischen Spitzenküche verwurzelt ist, doch Wissler gestaltet sie neu, modern und frei-geistig – auf keinen Fall modisch zeitgeistig.

Wissler: Dieser Name steht für den Forscher auf den Spuren des Geschmacks – und für die Intuition des großen Kochkünstlers. Was in der Konsequenz bedeutet: Joachim Wisslers Leidenschaft liegt darin, die Funktionsweise der Sinne rein physiologisch zu erforschen – um diese Sinne dann aufs Kreativste zu stimulieren und zu befriedigen. Insofern wage ich es, ihn als den Sigmund Freud des Geschmackstriebs zu bezeichnen. Wissler will wissen, wie die höchsten Geschmackserlebnisse zustande kommen – um sie dann aufs Perfekteste zu befriedigen. Zu anzüglich, der Freud-Vergleich? Sigmund hätte im Vendôme mit Sicherheit hemmungslos lustvoll gespeist ...

Diese Philosophie spiegelt sich eins zu eins in meinem Kocherlebnis mit ihm wider: dem Wildkräutersalat, einen einfachen, aber dennoch raffinierten Salat. Joachim Wissler kredenzt natürlich nichts Normales, er will „Akzente setzen", und das tut er konsequent auf seine Art. „Bloß weg von Lollo Rosso, Rucola, Kopfsalat! Es sei denn, ich kriege einen perfekten Kopfsalat. Den habe ich bisher aber noch nicht gefunden." Also bestellt er bei Gärtnern, die „so denken wie ich", Wildkräuter zum einem stolzen Preis. Die Gemüse- und Kräuterspezialisten „Essbare Landschaften" liefern aus Mecklenburg-Vorpommern Wiesenkräuter, die ein Normalsterblicher selten bewusst wahrgenommen hat: Bronzefenchel, Magentamelde, Moschusmalve, Fetthenne, Giersch, Römischer Ampfer, Wiesenkerbel und Gundermann. Im Frühjahr bereichert er seinen Salat mit Morcheln, die ihm drei Damen aus Bayern, die ausschließlich mit Pilzen handeln, liefern! „Einkaufen ist Vertrauenssache." Ich frage Joachim Wissler also nach seinem „Allerheiligsten", das ich dann tatsächlich sehen darf: die mehrseitige Liste seiner ganz speziellen Lieferanten, akribisch zusammengetragen. Aber die meisten Telefonnummern hat er sowieso im Kopf. Er spricht in den höchsten Tönen von seinem Lieferanten für Rebhühner und Wildgeflügel, er bezieht den Feldsalat genauso von einem grundehrlichen Lieferanten wie die getrockneten Früchte, und er schwärmt von zwei Brüdern in Österreich, die den besten Saiblingskaviar liefern, ebenso wie von seinen Tomaten aus Andalusien – das Kilo für 20 Euro, versteht sich.
Aber wir sind mitten drin beim Wildkräutersalat. Joachim Wissler hat nichts am Hut mit der „Rucola- und Balsamico-Schwemme". Deshalb zieht er Traubenkernöl zum Anbraten der Morcheln vor, fügt exakt 3 Tropfen Knoblauchöl hinzu, dosiert den Sherry mit der Spritzflasche und empfiehlt seine Erbsen-Vinaigrette – „Ich gebe zu, für Sie ein bisschen zeitaufwendig" – aus gefrorenen jungen Erbsen mit Minze. Damit der Gast die heimische Exotik dieses „etwas anderen" Salates und auch dessen stolzen Preis zu schätzen weiß, werden ihm vor der Zubereitung die Wildkräuter auf einem Brett gezeigt, erklärt und später am Tisch frisch angemacht. Ich schwöre als bekennende Salat-Süchtige: Solch eine grandiose Würze der Natur habe ich in meinem Leben noch nicht gegessen. Diesen Salat könnte man glatt den Göttern auf dem Olymp servieren! Auf der Suche nach dem „Wahren, Schönen, Guten" des Geschmacks möchte Joachim Wissler allerdings nicht nur von seinen Lieferanten abhängig sein. Deshalb experimentiert er gemeinsam mit einem Gemüsebauern in der Gegend. Der andalusische Tomatenproduzent kann sich warm anziehen, Herr Wissler erprobt jetzt den Anbau von fünf Tomatensorten hierzulande. Genauso wie er mit dem Anbau von würzigem Mesclun-Salat und Grünspargel experimentiert, gehören acht Kartoffelsorten zu den Wissler-Probanden.

Aber nicht nur die Setzlinge für seine Gemüseexperimente treiben Joachim Wissler an seinen freien Tagen nach Süddeutschland, insbesondere in den Gasthof Engelhof, 18 Kilometer von Nürtingen entfernt, *in the middle of nowhere*. Dort ist er aufgewachsen. Sein Platz war solange er denken kann in der Küche. Berge von Kartoffeln schälen und Spätzle durchs Sieb drücken. Das Leben seiner Familie war immer von Arbeit geprägt. Er und seine beiden Geschwister spielten exakt an zwei Tagen im Jahr die Hauptrolle in der Familie, nämlich an Weihnachten. Ansonsten war der Gasthof die absolute Nummer eins. Noch nicht mal Zeit für die dörfliche Fußballmannschaft ist ihm geblieben. „Leben ist Arbeit" und „das Gemüse für die Gaststätte baut man selber an" – das hat ihn geprägt: „Ich weiß genau, wie frisches Gemüse schmecken kann." Deshalb treibt er die Suche nach dem wahren Geschmack weiter voran. Er kooperiert derzei mit dem TTZ, dem Technologietransfer-Zentrum in Bremerhaven. Erstes Experiment ist eine leicht gelierende Tomatensuppe, hergestellt nach dem Eisweinverfahren: „Volle Konzentration des Tomatengeschmacks."
Joachim Wissler lernte in der Traube Tonbach, wohlgemerkt in der Hotelküche, nicht im Drei-Sterne-Tempel. Dennoch: „Wenn man eine Lehre in einem derartigen Haus hinter sich hat, weiß man, was man will, nämlich den Weg bis ganz nach oben gehen!" Nach dem Brenner's in Baden Baden wechselte der begeisterte Koch 1991 ins Restaurant Marcobrunn auf Schloss Reinhartshausen und schon 1995 kamen der erste Michelin-Stern und 17 Punkte im Gault Millau, und im Jahr darauf folgte der zweite Stern. Bis 1999, als sich Joachim Wissler vom Restaurant Marcobrunn und seinen zwei Sternen sowie seinen 17 Gault-Millau-Punkten verabschiedete, hoffte der Vater noch, sein Sohn würde den ländlichen Gasthof übernehmen. Doch Junior zog im Jahr 2000 das Gourmet-Restaurant im neuen Prachthotel Bensberg vor. Der Gasthof wurde geschlossen und der Vater hat den Sohn bis heute nicht auf Bensberg besucht. „Das war schon schwer für mich, aber gleichzeitig auch eine Befreiung vom Erwartungsdruck des Vaters." Aber Mutter und Schwester kommen regelmäßig und erleben, wie sehr Joachim in seiner Kochkunst aufgeht und dennoch nicht abhebt.
„Auf Reinhartshausen bin ich zu verspielt gewesen. Zum Glück habe ich mir nach diesen acht Jahren einige Monate Auszeit zum Nachdenken gegönnt. Dadurch bin ich puristischer geworden." Heute wickele er nichts mehr ein, schmunzelt er. Effekte mit frittierten Gemüsestreifen gebe es auch nicht mehr, vielmehr stehe heute der Geschmack und das aufs Wesentliche Konzentrierte im Vordergrund und nicht die Optik – wie im richtigen Leben!
Was ihm vielleicht als letzte Erkenntnis zur umfassenden Weisheit noch fehlt, ist die Einsicht, dass auch die Kräfte eines Joachim Wissler nicht unendlich sind. Als Lehrling schon hatte er zeitweise Herzrhythmusstörungen, mehrere Male sei er an Zusammenbrüchen „knapp vorbeigeschrammt". Wegen Überarbeitung, versteht sich. Heute joggt er zweimal pro Woche, schwimmt, fährt Rad, trinkt brav seine drei Liter Wasser pro Tag. Das Wichtigste ist jedoch die liebevolle Unterstützung seiner Frau Tanja. Sie stammt aus dem Rheingau und arbeitete ebenfalls in der Gastronomie. „Deshalb wusste sie, was auf sie zukommt. Sie trägt alles mit, ebenso wie die beiden Kinder. Aber, je weniger Freizeit man hat, umso mehr weiß man sie zu schätzen!"
Da fügt sich sein Koch- und Lebensmotto doch mehr als nahtlos an: „Bescheidenheit und Demut sind die Grundlage und das Charakteristikum jeden Erfolgs. Je erfolgreicher man wird, desto stärker wirkt dieses Prinzip."

Türkische Morcheln sind ideal für diesen Wildkräutersalat aus dem Garten Eden. Und türkische Morcheln kauft man am besten bei drei Damen in Bayern, die ausschließlich mit Pilzen handeln. „Das ist Vertrauenssache."

Joachim Wissler

Wildkräutersalat mit Spargel und Morcheln

200 g Spargel
Salz
250 g frische Spitzmorcheln
3 Schalotten
1/2 Knoblauchzehe
50 g Butter
2 cl Sherry (medium)
frisch gemahlener Pfeffer
250 g gemischte Wildkräuter (z. B. Brunnenkresse, Löwenzahn, Fetthenne, Wiesenkerbel, Bronzefenchel, Giersch, Scharbockskraut, Pfennigkraut)
2 Tomaten
250 ml Champagner-Vinaigrette (siehe Seite 186)
2 Bund Schnittlauch

Für 4 Personen als Vorspeise

Die Spargelstangen schälen und in wenig kochendem Salzwasser bissfest garen. Die Morcheln mehrmals in kaltem, gesalzenem Wasser waschen, bis alle Sandkörner ausgespült sind. Auf Küchenpapier abtropfen lassen. Die Schalotten und den Knoblauch schälen. 2 Schalotten in kleine Würfel schneiden, die Knoblauchhälfte fein zerdrücken und beides in 20 g Butter andünsten. Die Morcheln dazugeben und ohne Farbe nehmen zu lassen andünsten.
Mit Sherry, Salz und Pfeffer abschmecken.

Die Wildkräuter verlesen und waschen. Die Spargelstangen in mundgerechte Stücke schneiden und in der übrigen heißen Butter schwenken. Die Wildkräuter in einer Schüssel vermischen.

Die Tomaten kurz in kochendes Wasser tauchen, häuten, halbieren, entkernen und in kleine Würfel schneiden. Die restliche Schalotte ebenfalls in winzige Würfel schneiden und beides unter die Champagner-Vinaigrette mischen.

Den Spargel, die Morcheln und die Wildkräuter getrennt mit jeweils einem Drittel der Vinaigrette vermischen. Den Wildkräutersalat in der Mitte der Teller anrichten und mit den Spargelstücken und den Morcheln belegen. Den gewaschenen Schnittlauch fein schneiden und den Salat damit bestreuen.
Joachim Wissler garniert den Salat noch mit einem aufwendigen krossen Gitter aus Kartoffelstreifen.

4 Zucchiniblüten mit Minifrucht
50 g Brötchen vom Vortag
80 ml heiße Milch
3 Eigelb
120 g kleine Morcheln
70 g Butter
1 EL Butterschmalz
3 Schalotten
30 g geräucherter Bauchspeck
1 Knoblauchzehe
150 ml Sherry (medium)
Salz, frisch gemahlener Pfeffer
120 g frische Gänseleber
1 Bund Kerbel
1 Bund Schnittlauch
300 ml Geflügelbrühe
100 g Sahne
60 g frische Erbsen

Für 4 Personen als Vorspeise

Joachim Wissler

Geschmorte Zucchiniblüten mit Morcheln und Gänseleber

Die Zucchiniblüten in kaltes Wasser legen. Die Brötchen in kleine Würfel schneiden, mit Milch übergießen und zugedeckt durchziehen lassen. Dann die Eigelbe dazugeben und mit den Brötchenwürfeln zu einer glatten Masse verarbeiten.

Die Morcheln putzen, gründlich waschen, die Stiele abschneiden und beiseite legen. Die Pilze in einer Mischung aus etwas Butter und dem Butterschmalz andünsten. Die Schalotten schälen und wie den Speck in kleine Würfel schneiden. Den Knoblauch schälen und fein reiben. Ein Drittel der Schalotten, den Bauchspeck und etwas Knoblauch zu den Morcheln geben. Mit der Hälfte des Sherrys, Salz und Pfeffer abschmecken.

Die Gänseleber in 1,5 cm große Würfel schneiden. Eine Pfanne ohne Fett auf mittlerer Stufe erhitzen und die Gänseleber darin anbraten. Anschließend mit den Morcheln (einige für die Garnitur beiseite legen) unter die Brötchen-Ei-Masse mischen. Die Kräuter waschen. Vom Kerbel die Blätter abzupfen und fein hacken, die Stiele beseite legen. Den Schnittlauch fein schneiden und mit dem Kerbel unter die Farce mischen. Mit Salz und Pfeffer würzen und kalt stellen.

Die Morchelstiele in etwas Butter mit einem weiteren Drittel der Schalotten und dem übrigen Knoblauch andünsten, mit etwas Sherry ablöschen und mit Geflügelbrühe (2 EL davon zurückbehalten) aufgießen. Die Flüssigkeit auf die Hälfte einkochen lassen und durch ein Sieb streichen. Die Sahne dazugeben und erneut einkochen lassen. Den Backofen auf 200 °C vorheizen.

Die Zucchiniblüten aus dem Wasser nehmen, kurz abschütteln und auf einem Tuch abtropfen lassen. Die Minifrüchte fächerförmig einschneiden. Die Stempel in den Blüten entfernen und die Blüten vorsichtig mit der Farce füllen. Einen flachen Topf mit Butter ausreiben und die restlichen Schalotten hineinstreuen. Die Kerbelstiele dazugeben und die gefüllten Blüten darauflegen. Mit Salz und Pfeffer würzen und mit den übrigen 2 EL Geflügelbrühe sowie dem restlichen Sherry begießen. Im heißen Backofen in 20 bis 22 Minuten garen.

Die Zucchiniblüten auf vorgewärmten Tellern anrichten. Den Schmorsud durch ein Sieb streichen und mit etwas kalter Butter in kleinen Stücken binden. Die beiseite gelegten Morcheln und die Erbsen kurz in der übrigen Butter schwenken und die Teller damit garnieren. Alles mit der Morchelsahne beträufeln.

WEINEMPFEHLUNG

Ein feinwürziger, eleganter Grauburgunder, zum Beispiel aus Südtirol, ist eine wunderbare Begleitung.

Joachim Wissler

Ravioli von Treviso-Radicchio mit Wintertrüffeln und Parmesan-Velouté

200 g Nudelteig (siehe Seite 186)
1 Eigelb
1 EL Milch
Für die Ravioli-Füllung:
5 Köpfe Radicchio di Treviso
30 g Butter
1 Prise Zucker
1 vollreife Birne
30 ml weißer Balsamico-Essig
60 ml Noilly Prat
50 g Schalotten
50 g geräucherter Bauchspeck
1/2 Bund Petersilie
15 Salbeiblätter
Salz, Cayennepfeffer
alter Balsamico-Essig
Für die Parmesan-Velouté:
250 g Sahne
1 Rosmarinzweig
1 Thymianzweig
1 Knoblauchzehe
3 Eigelb
90 g Parmesan, frisch gerieben
Salz, Cayennepfeffer
Saft von 1/2 Limette
10 ml weißer Balsamico-Essig
30 ml Champagner
Außerdem:
60 g grüne Dicke Bohnen (enthülst)
Salz
10 g Butter
frisch gemahlener Pfeffer
1 l Hühnerbrühe
40 g frische Wintertrüffel
1 kleines Stück Parmesan

Für 4 Personen als Zwischengericht

Den Nudelteig nach Anleitung auf Seite 186 zubereiten und kurz ruhen lassen.

Die Blätter von den Radicchio-Köpfen ablösen und waschen. 16 Blattspitzen beiseite legen, den Rest in 5 mm breite Streifen schneiden. 20 g Butter erhitzen und den Zucker darin hell karamellisieren. Die Birne schälen, vierteln, entkernen und in kleine Stücke schneiden. Mit Essig und Noilly Prat ablöschen und die Radicchio-Streifen sowie die Birnenstücke untermischen. Bei mittlerer Hitze unter regelmäßigem Rühren 30 Minuten kochen lassen.

Die Schalotten schälen und wie den Speck in kleine Würfel schneiden. Beides in der übrigen Butter bei kleiner Hitze goldgelb dünsten. 1 EL von den Speck-Schalotten beiseite legen, den Rest unter die Radicchio-Birnen rühren. Die Mischung bei kleiner Hitze kochen lassen, bis alle Flüssigkeit verdampft ist.

Die Petersilie und den Salbei waschen, die Petersilienblätter abzupfen. Ein paar kleine Salbeiblätter beiseite legen und die restlichen Kräuterblätter fein hacken. Die Petersilienstängel beiseite legen. Die Kräuter unter die Radicchio-Füllung mischen und mit Salz, Cayennepfeffer und Balsamico-Essig herzhaft abschmecken.

Den Nudelteig 1 mm dünn ausrollen und in 9 cm große Quadrate schneiden. Das Eigelb mit der Milch verquirlen und die Teigblätter damit bestreichen. Jeweils 1 TL Radicchio-Füllung in die Mitte geben und über Eck zusammenklappen. Die Ränder festdrücken, die Ravioli auf ein Backblech legen und kühl stellen.

Für die Velouté die Sahne mit dem gewaschenen Rosmarin- und Thymianzweig, den beiseite gelegten Petersilienstängeln und der geschälten Knoblauchzehe 3 Minuten bei kleiner Hitze kochen lassen. Die heiße Sahne durch ein Sieb abgießen und nach und nach die Eigelbe und den Parmesan unterrühren. Erneut durch ein Sieb gießen und mit einer Schöpfkelle den Käse durch das Sieb streichen. Mit Salz, Cayennepfeffer, Limettensaft und Balsamico abschmecken. Kurz vor dem Servieren den Champagner hinzufügen.

Die Bohnenkerne in kochendem Salzwasser etwa 10 Sekunden blanchieren und in eiskaltem Wasser abschrecken. Anschließend die äußere Haut abziehen und die Kerne kurz in der Butter schwenken. Die beiseite gelegte Speck-Zwiebel-Mischung untermischen und mit Salz und Pfeffer würzen.

Die Ravioli in der kochenden Hühnerbrühe in 2 Minuten bissfest kochen und auf vorgewärmten Tellern anrichten. Mit den beiseite gelegten Radicchio-Spitzen und Salbeiblättern garnieren. Die Parmesan-Velouté mit dem Stabmixer kurz aufschäumen und darüber verteilen. Zum Schluss die Trüffel und etwas Parmesan darüberhobeln.

Joachim Wissler

Leitzachtaler Ziegenkäse mit Artischocken und schwarzen Walnüssen

Für die Honig-Schalotten-Vinaigrette:
2 Schalotten
6 EL Traubenkernöl
4 EL Estragonessig
3 g Dijon-Senf
1/2 EL Blütenhonig
1 TL Thymianblätter (fein geschnitten)
Salz, frisch gemahlener weißer Pfeffer
Außerdem:
4 Leitzachtaler Ziegenfrischkäse (à 70 g)
8 Scheiben geräucherter Bauchspeck (2 mm dick)
2 frische Artischockenböden
100 ml natives Olivenöl extra
8 Walnusskernhälften
4 schwarze Walnüsse (eingelegt)
1/2 Bund Rucola
1/2 Bund Schnittlauchspitzen

Für 4 Personen als Vorspeise

Für die Vinaigrette die Schalotten schälen, in kleine Würfel schneiden und in 1 EL Traubenkernöl glasig dünsten. Mit Estragonessig ablöschen und einmal aufkochen lassen. Nach und nach den Senf, den Honig und Thymian hinzufügen. Mit Salz und Pfeffer würzen und das übrige Traubenkernöl unterschlagen. 20 Minuten im Kühlschrank durchziehen lassen.

Die 4 Käselaibchen mit je 1 Speckscheibe umwickeln und die Enden mit einem Holzspießchen feststecken.

Die restlichen Speckscheiben zwischen zwei Bögen Pergamentpapier legen und in einer Pfanne bei kleiner Hitze langsam knusprig braten.

Die rohen Artischockenböden (in Zitronenwasser aufbewahrt, damit sie nicht braun werden) in schmale Streifen schneiden. Das Olivenöl in einer Pfanne erhitzen und die Artischocken darin bissfest garen. In ein Sieb abgießen und abtropfen lassen, das Öl dabei auffangen. Ein Drittel des Öls unter die Vinaigrette rühren, den Rest anderweitig verwenden.

Die Walnusshälften wenige Minuten in Wasser einlegen, dann vorsichtig häuten. Die schwarzen Walnüsse in dünne Scheiben schneiden.

Die umwickelten Ziegenkäse mit wenig Olivenöl von den gegarten Artischocken einpinseln und unter dem vorgeheizten Grill wenige Minuten überbacken.

Die Artischocken, die beiden Walnusssorten und den geputzten und gewaschenen Rucola vorsichtig mit der Hälfte der Vinaigrette marinieren.

Den Salat auf vier Tellern kranzförmig anrichten, die Ziegenkäse jeweils in die Mitte setzen und mit den knusprigen Speckscheiben und den Schnittlauch garnieren. Mit der restlichen Vinaigrette beträufeln und mit Salz und Pfeffer würzen.

SO WIRD'S GUT!

Das Leitzachtal liegt für Joachim Wissler nun nicht gerade ums Eck, aber wenn es um Qualität geht, dann ist dem begnadeten Koch kein Weg zu weit. Die würzige Milch der Leitzachtaler Bergziegen verleiht dem Käse das gewünschte Aroma – deshalb lässt er sich die Ziegenkäse aus Bayern liefern.

Joachim Wissler

Langoustine royale mit grünem Spargel-Sauté und weißem Pfirsich

4 Langoustinen (à 250–300 g) (Kaisergranate)
1/2 kleine Stange Lauch
1/2 Fenchelknolle
2 Stangen Staudensellerie
1 Knoblauchzehe
5 EL Olivenöl
80 ml Noilly Prat
2 Strauchtomaten
1 Lorbeerblatt
Meersalz
Cayennepfeffer
250 g grüner Spargel
2 weißfleischige Pfirsiche
Saft von 1 Limette
1/2 Bund Koriander
50 g kalte Butter

Für 4 Personen als Hauptgericht

Die Langoustinenschwänze von den Körpern trennen, das Fleisch aus den Schalen lösen und jeweils den Darm entfernen. Die Körpervorderteile, die Scheren und die Schalenreste etwas zerkleinern und zusammen mit dem geputzten, gewaschenen und klein geschnittenen Gemüse und der geschälten Knoblauchzehe in 1 EL Olivenöl anbraten. Mit Noilly Prat ablöschen und die gewaschenen und grob zerkleinerten Tomaten und das Lorbeerblatt hinzufügen. Mit Meersalz und Cayennepfeffer würzen und bis zu drei Viertel mit Wasser bedecken. Zugedeckt 25 Minuten bei kleiner Hitze sanft kochen lassen.

Den Spargel schälen und unten 3 bis 4 cm entfernen. Die Stangen längs halbieren und in 4 cm lange Stücke schneiden. Die Spargelstücke in 1 EL Olivenöl bei schwacher Hitze langsam garen ohne Farbe nehmen zu lassen. Zum Schluss mit Meersalz, Cayennepfeffer und etwas Limettensaft abschmecken.

Die Pfirsiche kurz in kochendes Wasser tauchen, in eiskaltem Wasser abschrecken und häuten. Die Pfirsiche halbieren, entkernen und das Fruchtfleisch in 1 cm große Würfel schneiden. Den Koriander waschen, die Blätter abzupfen und fein hacken. Koriander und Pfirsichwürfel kurz vor dem Anrichten unter das Spargel-Sauté mischen.

Den Langoustinensud durch ein feines Sieb abgießen und um 85 Prozent einkochen lassen. Die Langoustinen mit Cayennepfeffer und dem restlichen Limettensaft würzen und im übrigen Olivenöl rundherum anbraten. Die Butter in kleinen Stücken unter den Langoustinensud rühren.

Das Spargel-Sauté auf vier Teller verteilen. Die Langoustinen mit Meersalz bestreuen und darauflegen. Mit dem Langoustinensud beträufeln.

Joachim Wissler

Maibockrücken mit Olivenkrokant, Mousseron-Pilzen, Limetten-Spitzkohl-Gemüse und Topinambur

Für den Olivenkrokant:
1 geh. EL Zucker
25 g Walnusskerne
25 g Pinienkerne, geröstet
25 g getrocknete schwarze Oliven, fein gehackt
3 Wacholderbeeren, fein gehackt
2 TL Rosmarin, fein gehackt
2 EL flüssige Butter
Für das Topinamburgemüse:
300 g Topinamburknollen
1 EL Butter
1 EL Noilly Prat
Salz, frisch gemahlener Pfeffer
1 EL Petersilie, gehackt
Außerdem:
1,2 kg Maibockrücken mit Knochen (ersatzweise Rehrücken)
2 EL Butterschmalz
1 kleiner, junger Spitzkohl
Salz
3 EL Butter
einige Tropfen Limettensaft
1 Hand voll Mousseron-Pilze (ersatzweise Pfifferlinge)
300 ml Rehfond (aus den Abschnitten und den Knochen gekocht)
Schnittlauch für die Garnitur

Für 4 Personen als Hauptgericht

Den Zucker in einer Kasserolle karamellisieren lassen und die Walnuss- und Pinienkerne unterrühren. Die Mischung auf Pergamentpapier streichen, abkühlen lassen und klein hacken. Mit Oliven, Wacholderbeeren und Rosmarin vermischen und die Butter unterrühren. Die Masse zwischen zwei Bögen Pergamentpapier etwa 5 mm dick ausrollen und erkalten lassen.

Den Topinambur schälen und in kleine Stücke schneiden. Bei kleiner Hitze in 1 EL Butter anbraten, mit Noilly Prat ablöschen und 15 Minuten zugedeckt garen lassen. Mit Salz und Pfeffer abschmecken und die Petersilie untermischen.

Den Maibockrücken am besten gleich vom Wildhändler küchenfertig vorbereiten lassen. Die anfallenden Knochen klein hacken lassen und mitnehmen. Aus den Knochen und den Abschnitten einen Fond kochen.

Den Backofen auf 200 °C vorheizen. Den Maibockrücken auf der Fleischseite im heißen Butterschmalz anbraten, dann mit der Fleischseite nach oben im heißen Backofen weitere 5 Minuten garen.

Die vorbereitete Oliven-Nuss-Platte auf die Größe des Maibockrückens zuschneiden. Den Maibockrücken aus dem Ofen nehmen und mit dem Olivenkrokant belegen. Etwa 5 Minuten an einem warmen Ort 5 bis 8 Minuten ruhen lassen.

Vom Spitzkohl die Blätter ablösen und kurz in Salzwasser blanchieren. 1 EL Butter aufschäumen und die Spitzkohlblätter darin schwenken. Mit Salz und Limettensaft abschmecken. Die Pilze putzen und kurz in etwas heißer Butter schwenken.

Den Backofengrill vorheizen. Die restliche kalte Butter in kleinen Stücken mit dem Stabmixer unter den Rehfond schlagen. Den Maibockrücken etwa 2 Minuten unter dem heißen Grill überbacken.

Den Rücken in Kotelettstücke teilen. Jeweils 2 Kotelettstücke auf ein Topinamburbett legen und mit Spitzkohl und den Pilzen anrichten. Mit etwas Reh-Jus beträufeln und mit Schnittlauch garnieren.

WEINEMPFEHLUNG
Dazu empfiehlt der Sommelier vom Vendôme einen charaktervollen, ausgewogenen Burgunder, zum Beispiel den 2001er Gevrey-Chambertin Clos Saint-Jacques Cru von der Domaine Sylvie Esmonin.

400 g Kalbskopf mit Bäckchen (gekocht; beim Metzger vorbestellen)
200 g gepökelte Kalbszunge (gekocht und gehäutet)
2 Schalotten
1 EL geschmacksneutrales Öl
einige Tropfen Weißweinessig
etwas grober Meaux-Senf
Salz, frisch gemahlener Pfeffer
8 kleine Kartoffeln (in der Schale gekocht)
50 g geräucherter Bauchspeck
250 g Feldsalat
Mehl zum Bestäuben
2 EL Butterschmalz
Liebstöckel-Vinaigrette (siehe Seite 185)
1/2 Bund Schnittlauch

Für 4 Personen als Hauptgericht

Joachim Wissler

Kalbskopf mit Feldsalat und Kartoffel-Liebstöckel-Marinade

Das Fleisch vom Kalbskopf auslösen und wie die Kalbszunge in 2 cm große Würfel schneiden. Die Schalotten schälen, in kleine Würfel schneiden und im Öl glasig dünsten. Mit Essig ablöschen und den Kalbskopf und die Zunge dazugeben. Mit Senf, Salz und Pfeffer abschmecken und erhitzen.

Die Kalbskopf-Zunge-Mischung in ein Sieb schütten und die abtropfende Flüssigkeit auffangen. Das Fleisch in eine Pasteten- oder Terrinenform füllen. Mit einem passenden Holzbrett belegen und mit einem Gewicht beschweren, damit die noch vorhandene Flüssigkeit herausgepresst wird. Einige Stunden kühl stellen.

Die Kartoffeln schälen und in 5 x 5 mm kleine Würfel schneiden. Den Bauchspeck ebenfalls in sehr kleine Würfel schneiden und bei kleiner Hitze knusprig braten. Anschließend auf Küchenpapier abtropfen lassen. Den Feldsalat putzen und waschen.

Die Pasteten- oder Terrinenform stürzen, den Kalbskopf in 2,5 x 2,5 x 10 cm lange Streifen schneiden und diese mit wenig Mehl bestäuben. Eine Pfanne mit etwas Butterschmalz ausfetten und die Kalbskopfstreifen darin rundherum anbraten.

Die Kartoffelwürfel im restlichen Butterschmalz goldbraun und knusprig braten.

Den Feldsalat mit wenig Liebstöckel-Vinaigrette anmachen und den gewaschenen und klein geschnittenen Schnittlauch untermischen. Den Feldsalat als Bukett auf vier Tellern anrichten, mit den Kartoffel- und Speckwürfeln bestreuen und die Kalbskopfstreifen daneben anordnen. Die restliche Vinaigrette rundherum verteilen.

Joachim Wissler

Sommeraustern mit Radieschen und Sojasprossen in grüner Apfelcreme

24 Sommeraustern
70 ml Champagner
6 Blatt Gelatine
500 g grobes Meersalz
1/2 Bund glatte Petersilie
4 grüne Äpfel (am besten Granny Smith)
Saft und abgeriebene Schale von
2 Limetten
300 ml ungesüßte Kokosmilch
Salz, Cayennepfeffer
etwas Wasabi-Paste
3 EL Sojasauce
1 EL Wasser
2 EL Sesamöl
2 EL Traubenkernöl
1 TL Ingwer, fein gehackt
Zucker
12–16 Radieschen
60 g Sojasprossen
1 EL Koriander, fein gehackt
1 Kästchen Gartenkresse

Für 4 Personen als Vorspeise

Die Austern mithilfe eines Austernöffners aufbrechen und das Fleisch aus den Schalen lösen. Das Austernwasser in eine Schüssel gießen. 180 ml Austernflüssigkeit mit dem Champagner vermischen und mit 4 Blatt kalt eingeweichter und warm aufgelöster Gelatine verrühren. Die Geleeflüssigkeit 5 mm hoch in eine tiefe Platte gießen und im Kühlschrank erstarren lassen.

Aus dem Meersalz auf vier Tellern Sockel von 3 cm Höhe anrichten und jeweils 3 Austernschalen darauflegen. Die Austern kühl stellen.

Von der Petersilie die Blätter abzupfen und diese in kochendem, gut gesalzenem Wasser etwa 2 Minuten kochen. In ein Sieb schütten und mit eiskaltem Wasser abschrecken. Die Äpfel waschen, schälen und das Fruchtfleisch mithilfe einer Saftpresse entsaften. Die Schalen zusammen mit dem Apfelsaft, der Hälfte des Limettensaftes und der Petersilie im Mixer fein pürieren und durch ein feines Sieb streichen. Den abtropfenden Saft auffangen, das ausgedrückte Püree wird nicht benötigt. Den Saft erwärmen und die restlichen, kalt eingeweichten und gut ausgedrückten Gelatineblätter unterrühren, bis sie sich aufgelöst haben. Die Kokosmilch hinzufügen und die Creme mit Salz, Cayennepfeffer und Wasabi würzig abschmecken. Die Mischung in einen Sahne-Siphon füllen und kühl stellen.

Die Sojasauce mit Wasser, Sesamöl und Traubenkernöl verquirlen und den Ingwer unterrühren. Mit Salz, Cayennepfeffer, Zucker und dem restlichen Limettensaft und der -schale würzig abschmecken.

Die Radieschen putzen, waschen und in feine Stifte schneiden. Die Sojasprossen waschen, abtropfen lassen und quer halbieren. Beides mit der Sojamarinade vermischen und den Koriander sowie die Hälfte der abgeschnittenen und gewaschenen Kresse dazugeben. Das Austerngelee in 5 x 5 mm kleine Würfel schneiden und unter den Salat mischen.

Den Salat in die Austernschalen häufen und jeweils mit 1 Auster belegen. Die Apfelcreme daraufspritzen und mit Bouquets aus der restlichen Kresse garnieren.

Joachim Wissler

Rhabarber-Soufflé mit Mascarpone-Eis

<u>Für das Rhabarberkompott:</u>
250 g Rhabarber
100 g Zucker
100 ml Holundersaft
40 ml Mineralwasser
10 g Speisestärke
<u>Für das Mascarpone-Eis:</u>
250 g Mascarpone
150 g Zucker
50 ml Zitronensaft
125 ml Milch
125 g Sahne
2 Rosmarinzweige
Mark von 1 Vanilleschote
<u>Für das Rhabarber-Soufflé:</u>
180 g Rhabarber
50 g Himbeermark
110 g Zucker
20 g Speisestärke
3 Eiweiß
flüssige Butter und etwas Zucker für die Förmchen

Für 4 Personen

Für das Rhabarberkompott den Rhabarber schälen und in gleichmäßige schräge Stücke schneiden. Die dabei anfallenden weniger schönen Abschnitte mit dem Zucker, Holundersaft und Mineralwasser bei kleiner Hitze 30 Minuten kochen lassen. Die Masse durch eine Sieb streichen und mit der in etwas kaltem Wasser angerührten Speisestärke wieder erhitzen. Die Rhabarberstücke hineingeben und in wenigen Minuten gar ziehen lassen. Wenn die Rhabarberstücke noch Biss haben, den Topf vom Herd nehmen und das Kompott abkühlen lassen.

Für das Eis den Mascarpone mit dem Zucker verrühren und nach und nach den Zitronensaft, die Milch und die Sahne unterrühren. Die Rosmarinzweige waschen, die Blätter abstreifen, ein paar beiseite legen, den Rest fein hacken. Das Vanillemark und den Rosmarin unter die Mascarponemasse rühren. Die cremige Masse in einer Eismaschine gefrieren lassen.

Für die Soufflés die geschälten Rhabarberstangen in Stücke schneiden, mit dem Himbeermark und 60 g Zucker vermischen und leicht kochen lassen. Das Kompott mit dem Stabmixer fein pürieren. 15 g Speisestärke mit 1 EL Wasser anrühren und die Rhabarbermasse noch mal aufkochen lassen. Den Backofen auf 180 °C vorheizen.

Die Eiweiße steif schlagen und dabei den übrigen Zucker und die restliche Stärke nach und nach hinzufügen. Weiterschlagen, bis eine feste Baisermasse entsteht. Die Hälfte der Masse unter die abgekühlte Rhabarber-Himbeer-Masse rühren, den Rest vorsichtig unterheben. Vier Soufflé-förmchen mit einem Durchmesser von etwa 9 cm mit der Butter ausstreichen und mit etwas Zucker ausstreuen. Die Soufflémasse bis zum Rand einfüllen und im Wasserbad im Backofen 20 Minuten garen.

Das Rhabarberkompott mithilfe eines Metallrings auf vier Teller verteilen. Aus dem Mascarpone-Rosmarin-Eis Kugeln formen und daraufsetzen und mit den restlichen Rosmarinblättern verzieren. Die Soufflés getrennt dazu reichen. Wer Geduld hat, der ordnet fein geschnittene Rhabarberscheiben zu einem hübschen gitterförmigen Muster auf den Tellern an, wie man es auf dem Foto sieht. Es schmeckt aber ohne genauso köstlich.

Joachim Wissler

Erdbeerdessert

Für das Honig-Parfait:
30 ml Wasser
30 ml Limettensaft
35 g Honig
50 g Sahne
1 Blatt Gelatine
25 g Eiweiß
35 g Honig
15 g Nougat-Montelimar-Bruch (ersatzweise Nougatstückchen)
Für die Geleematte:
120 ml Weißwein
80 g Erdbeerpüree oder -saft
40 g Honig
Mark von 1 Vanilleschote
1 kleines Stückchen Ingwer (kandiert)
4 g klarer Tortenguss
4 EL Erdbeeren, in Scheiben geschnitten
Für den Schokoladen-Mandel-Bruch:
25 g Mandeln, gehackt
5 g Zucker
etwa 2–3 EL Wasser
5 g Zartbitter-Kuvertüre
etwas Kakaopulver
Für die Dekoration:
überzuckerte Blüten nach Wahl
Schokoladenwelle oder Schokoblätter

Für 4 Personen

Für das Honig-Parfait das Wasser mit dem Limettensaft und dem Honig aufkochen lassen und in einer Eismaschine zum Sorbet gefrieren lassen. Die Sahne steif schlagen und die kalt eingeweichte und ausgedrückte Gelatine darin auflösen. Das Eiweiß mit dem Honig steif schlagen und die Hälfte davon unter die Sahnemischung heben. Das Sorbet kurz durchrühren und zuerst den übrigen Eischnee, dann die Sahne-Eischnee-Mischung und den Nougatbruch unterheben. Die Masse etwa 2 cm dick auf ein mit Frischhaltefolie ausgelegtes Backblech streichen und im Tiefkühlgerät gefrieren lassen.

Für die Geleematte den Weißwein mit dem Erdbeerpüree oder -saft, Honig, Vanillemark und Ingwer aufkochen lassen. Den in etwas kaltem Wasser angerührten Tortenguss unterrühren und noch mal aufkochen lassen. Die Hälfte der Masse etwa 3 mm dick auf eine Platte gießen und erstarren lassen. Die andere Hälfte in der Schüssel erstarren lassen.

Für den Schokoladen-Mandel-Bruch die Mandeln, den Zucker und das Wasser kochen lassen, bis das Wasser völlig verdampft ist und die Mandeln karamellisiert sind. Die Kuvertüre auflösen und unter die abgekühlten Mandeln mischen. Die Masse auf ein Blech streichen und etwas Kakao darübersieben. Sobald die Oberfläche matt aussieht, die Masse zerbröseln.

Das in der Schüssel erstarrte Erdbeergelee mit einem Schneebesen kurz durchschlagen und die Erdbeerscheiben sowie den Schokoladen-Mandel-Bruch unterheben.

Das Honig-Parfait in vier 2,8 x 9 cm große Streifen schneiden. Die Geleematte in vier 3 x 9,1 cm große Streifen schneiden und jeweils auf die Honig-Parfait-Stücke legen. Die Erdbeermischung darauf verteilen und jeweils mit kandierten Blüten und einer Schokowelle oder Schokoblättern garnieren.

SO WIRD'S GUT!

Joachim Wissler bestreicht die Blüten dünn mit Eiweiß, wälzt sie in Zucker und trocknet sie bei 50 °C im Backofen.

im Wissler

Zirbelstube

GOURMETRESTAURANT

KODAK EPP 6005
EPP

KODAK EPP 6005
EPP

EPP 6005
KODAK EPP 6005
EPP

KODAK EPP 6005
EPP

Foto Seite 68:
Bernhard Diers' Souschef Carsten Neutmann (1. Reihe), Nina Ruge und Thomas H. Althoff (2. Reihe, links), Bernhard Diers (2. Reihe, Mitte).

ZU GAST BEI BERNHARD DIERS IM SCHLOSSHOTEL STUTTGART

„Die innere Stimme ist bei den meisten Menschen immer noch heiser.“ (Fritz Kortner)
Bernhard Diers ist ein Mann der inneren Stimme. Sie flüstert ihm alles Wesentliche ein. Seine innovativen Geschmackskompositionen, seine Haltung zum Leben, zu seinem Körper, zu seinem Wohnort –, welcher so um die 600 Kilometer nördlich von Stuttgart liegt.
Die Stimme allerdings, die ihn ins Hotel am Schlossgarten in Stuttgart rief, war eine von außen: Thomas H. Althoff wusste natürlich, dass Diers längst zu den zehn besten Köchen Deutschlands zählte, er wusste, dass sich Diers schon in den 90er-Jahren zwei Sterne erkocht hatte, im Gasthaus Schwanen in Haigerloch. Außerdem hatte Althoff gehört, dass Diers die Stätte seines jüngsten Wirkens verlassen wollte, den Marstall in München, ebenfalls mit zwei Sternen dekoriert. Also versuchte Althoff den Niedersachsen nach Stuttgart zu locken. Seine Devise: „Das beste, was einem Gast passieren kann, ist ein gutes Restaurant in einem guten Hotel.“ Wobei man nüchtern feststellen muss: Das Hotel am Schlossgarten liegt zwar wunderschön im Grünen und ist super geführt, optisch ist es jedoch kein Highlight. Im zweiten Weltkrieg total zerstört, wurde es mit dem typischen 60er-Jahre-Charme wieder errichtet – aber nur außen. Innen umfängt es den Gast mit der Wärme eines traditionsreichen Stadthotels. Zudem war klar: Die Nachfrage nach erstklassiger Küche in diesem Haus ist seit Jahrzehnten enorm hoch. Das Hotel am Schlossgarten ist seit Bestehen der Bundesrepublik stark in der Stuttgarter Gesellschaft verwurzelt. Wer etwas auf sich hält, veranstaltet hier seine Familienfeiern. Außerdem wirkt es mit seiner strategischen Lage auf Geschäftsleute wie ein Magnet. Unmittelbar gegenüber dem Hauptbahnhof gelegen, Schauspiel, Oper, Ballett residieren um die Ecke, Staatsgalerie und die Einkaufsmeile sind einen Katzensprung entfernt. Täglich besuchen 600 bis 700 Gäste die drei Restaurants (Zirbelstube, Schlossgarten-Restaurant, Vinothek), das Café und die John-Cranko-Bar.
Doch das Entscheidende, das Bernhard Diers zum Wechsel bewogen hat, ist das ungewöhnlich fruchtbare Köche-Biotop, das Thomas H. Althoff für seine Spitzenkräfte schuf. In der Branche hatte sich längst herumgesprochen, dass sich ein Künstler der Küche in einem Althoff-Hotel weitgehend frei entfalten kann, Experiment ist erwünscht und Risiko kein Schimpfwort.
So ist die Zirbelstube seit 2002 das ultimative Diers-Restaurant. Die Ausstattung ist vom Feinsten: Christofle-Porzellan und -Besteck, schwere Zirbelholzvertäfelung („die Bilder habe ich dann aber abgehängt“) und eine großartige Panorama-Terrasse. Alles edel und äußerst gediegen. Da sind natürlich die Gäste der großen Autobauer aus der Gegend mehr als zufrieden. Bernhard Diers Kochstil sei „Innovation auf der Basis der Grand Cuisine Frankreichs“, so wurde mir vor meinem Besuch versichert, und er sei ein Mann, der sich ganz speziell um die Harmonie der Gaumen-Dimensionen kümmere: süß, salzig, sauer und bitter.

Respektvoll, liebevoll – das sind die Worte, die mir einfielen, als ich Bernhard Diers in seiner Küche arbeiten sah. Als gäbe es keine Routine. Als wäre jedes Gericht, das unter seinen Händen entsteht, ein unverwechselbares Unikat. So, wie Diers das Genießen zur Kunst, zur Lebenskunst erklärt, so schien mir sein Umgang mit dem, was er für diese Kunst als Grundlage formte.

Ohne Chichi dachte ich, als er seine Gänselebervariationen servierte – optisch geradezu unanständig raffinert. Mit dieser Delikatesse habe ich es zwar nicht so, aber jene ließ jedes Fremdeln vergessen. Eine Trilogie aus Gänseleber mit Valrhone-Schokolade, Himbeere und Mango-Chutney. Das ist kein Gag, das hat Substanz und einen Trend gesetzt.
Filigran sei die Küche von Diers, handwerklich erstklassig. Das hatte ich also beeindruckend kennen gelernt! Mir hat er es jedoch sehr viel leichter gemacht. Bei einem Kaninchen-Rosmarinspieß mit Artischocken und getrockneten Cocktailtomaten kann man eigentlich nicht viel falsch machen. Bernhard Diers hat mich exakt auf meinem Kochniveau gefordert: Tomaten im Ofen trocknen – das kann ich perfekt. Artischocken anbraten – Kinderspiel! Und alles zusammen auf Spießchen schieben – kein Thema! Das Geheimnis aber, weshalb die Kreation dennoch so intensiv nach mediterranen Glücksgefühlen schmeckt, das konnte ich nicht lüften, leider. Klar, die Kombination macht's. Und die höchste Qualität der Zutaten. Ich nahm jedenfalls die Erkenntnis mit: Hin und wieder, ganz, ganz selten, kann Sterneküche auch einfach sein.
Heimlich, hinter dem Rücken von Bernhard Diers, fragte ich sein Köche-Team, was er denn so für ein Chef sei. Ziemlich locker, meinten sie, ein Kumpel. Nur wenn etwas nicht perfekt klappt, dann könne er unangenehm und auch schon mal laut werden. Sie seien alle nur wegen ihm hier, fügt einer hinzu. Für ihn würden sie durchs Feuer gehen.
Und Diers geht für seine Gäste durchs Feuer. „Ich habe mich nie nach den Sternen gerichtet", bemerkte er beiläufig, „nur nach dem Gästen." Und die möchte er sehen, macht immer seine Runde in der Zirbelstube, und zwar während des Service, nicht hinterher. „Ich möchte mir vorstellen können, für wen ich da koche. Ich studiere den Gast. Und merke mir, was er gewählt hat. Ohne Karteikarten."
Für seine Gäste wirkt er als Freigeist der Küche: „Innerer Reichtum ist, Zeit für neue Ideen zu haben." Und diese Ideen haben sehr viel mit ganzheitlichem Denken zu tun. „Der ökologische Gedanke geht stark in meine Speisekarte ein. Die Natur ist unser Garten, ist unser Kraftgeber. Die meisten Zivilisationskrankheiten sind ernährungsbedingt – und können meist nur durch eine sinnvolle Ernährung wieder behoben werden." Dank moderner Logistik bedient sich Diers für seine kosmopolitischen Gerichte aus einem kulinarischen Garten, der rund um den Erdball reicht.
„Wir müssen den Körper ernst nehmen, sein Energiefeld schon morgens aufrufen. Immer Maß halten und Essen zelebrieren. Genießen ist Kunst. Und Essen ist Leben", das in der Zirbelstube rundum glücklich vor sich hin pulsiert. Rotbarbe mit Rhabarber und Ingwer, natürlich eine Diers-Kreation. Die Gräten müssen peinlich genau mit der Pinzette herausgezogen werden, aber die Idee ist ohne weitere Hilfsmittel aus seinem Kopf geflattert. Diers schmeckt ein Gericht schon, während er es im Kopf komponiert, er braucht es nicht zu probieren. „30 Jahre Erfahrung müssen ja zu irgend etwas gut sein. Kochen ohne zu schmecken, das ist wie Komponieren ohne zu hören. Das konnten große Komponisten auch." Die meisten Rezept-Melodien erfindet Diers beim Nachhauselaufen. Dreieinhalb Kilometer sind es bis zu seinem Mini-Appartement. Dort angekommen muss er sich seine gedanklichen Gerichte allerdings sofort aufschreiben, sonst sind sie weg.

„Ich schaffe eine explodierende Küche, leicht, geschmackvoll, voller Gegensätze. Das ist wie eine Lebensphilosophie. Das beinhaltet das gesamte Energiekonzept, das für ein gutes Leben wichtig ist.“ Ja. Sagt er doch, Essen sei Leben.

Mini-Appartement, fragte ich mich? Wie das, bei einem Sternekoch mit 30 Jahren Kocherfahrung auf Spitzenniveau und dem Stress einer 90-Stunden-Woche? Tja! Familie und Haus sind leider ein bisschen weiter weg. Freigeist, sage ich nur! Seine Frau („Sie ist mehr als 50 Prozent an meinem Erfolg beteiligt“), seine Tochter und er haben sich einfach mal so im Urlaub in ein Haus verknallt. Reiturlaub war das, in der Reiterstadt Verden an der Aller. Ja, und dann haben sie das halt gekauft. Frau Diers betreibt in Verden eine kleine Boutique, und Bernhard Diers fährt jedes Wochenende „nach oben“, nach Niedersachsen, in seine Heimat, „wo man klar denken kann.“ Manchmal kommen die beiden Frauen auch nach Stuttgart runter, sie passen gerade so rein in sein Appartement. Aber meistens geht die Sache mit den zwei Diers-Welten so: Bernhard steigt Sonntagnacht um 3.12 Uhr in die Bahn, muss zweimal den Zug wechseln und ist um 9.20 Uhr am Bahnhof in Verden an der Aller.

Jetzt ist klar, weshalb seine ursprünglichen Berufswünsche Fotograf oder Forstwirt in Kanada waren. So einer kann nicht normal leben, nicht normal wohnen – und normal kochen schon gar nicht. „Mir haben immer alle gesagt, dass ich das Talent habe, Sternekoch zu werden.“ Zum Kochen kam er, weil er eine Zeit lang in der Gastronomie gejobbt hat. Da wurde er infiziert. Der Boden dafür war aber schon von seiner Mutter bereitet worden. „Meine Mutter kochte gut und unheimlich gerne. Ich bin mit gutbürgerlicher Küche groß geworden: Enten, Tauben, Rind, Steak, Eintopf.“ Mit 15 Jahren hat er sich das erste Kochbuch gekauft.

In Kaiser's Tanne Wirtshus, in Breitnau, Schwarzwald, hat ihn ein Leib-und-Seele-Koch namens Günther Gerlach fürs Leben und für die Sterneküche motiviert. Diers begann sich durch Bücher weiterzubilden, er gab enorm viel Geld in Top-Restaurants aus und der Rest liest sich illuster: 1982 Royal Lancaster Hotel London, 1983 bis 1985 Schweizer Stuben bei Dieter Müller, 1985 bei Eckhart Witzigmann in der Münchner Aubergine, Sous-Chef im Hotel Colombi in Freiburg, das eigene Restaurant Schwanen in Haigerloch, dann das Marstall in München und jetzt ist er also hier. Träume? Durchaus: Singapur, Hongkong. Er war noch nie dort.

Ja, das wäre interessant. Wie wohl Asiaten auf Diers kreative Küche reagieren würden? Zum Beispiel auf seine Terrine von getrockneten Strauchtomaten mit Pinienkern-Pesto, gebratenen Gambas und Auberginen-Chips. „Das ist für mich wie Lebensphilosophie. Eine Art Rohkost: Der kalt gepresste Saft und die bei 90 Grad getrockneten Tomaten beinhalten das komplette Energiekonzept, das für ein vitales Leben wichtig ist.“

Dieser geniale Sternekoch hat natürlich nicht nur eine Vision, nicht nur dieses Hongkong oder Singapur. Die andere Vision liegt sehr nah: Raum, Freiheit, Offenheit. Servieren weit ab von den Stressfallen des Alltags, oder noch besser: oben drüber. Am liebsten würde nämlich Bernhard Diers dem Hotel am Schossgarten aufs Dach steigen. Ganz modern, über Etage sieben, die Zirbelstube zum spacigen Dachgarten-Restaurant mutieren. Einer wie er wird irgendwann abheben – aber wohlgemerkt nur in Metern über dem Meeresspiegel. Einer wie er muss dem Ambiente seiner Kochkunst Flügel verleihen.

Sein Motto jedenfalls schwebt schon ganz oben: „Ich lebe mein Leben, indem ich mein Hobby zu meinem Beruf gemacht habe und darin meine tiefen inneren Gefühle, Sinn und Harmonie zum Ausdruck bringen kann.“

„Niveauvolle Klassik“ lesen wir über Bernhard Diers Küche im Gault Millau. Diers meint dazu nur, er höre schließlich auf seine innere Stimme und achte sehr auf seine Gesundheit. Und was der gut tut, das steckt zum Beispiel auch in diesem mit Gemüse und Vollkorn-Baguette-Chips ergänzten leckeren Kaninchengericht.

4 Kaninchenrückenfilets
1 gelbe Paprikaschote
1 rote Paprikaschote
1 kleiner gelber Zucchino
5 große Rosmarinzweige
20 g Butter
3 EL Olivenöl
1 Thymianzweig
2 Knoblauchzehen
4 Artischocken (am besten Poverade)
etwas Zitronensaft
Olivenöl zum Braten
2 EL Petersilie, gehackt
16 getrocknete Cocktailtomaten
(siehe Seite 186)
einige Vollkorn-Baguette-Chips
marinierte Salatblätter nach Belieben

Für 4 Personen als Hauptgericht

Bernhard Diers

Kaninchen-Rosmarinspieß mit Artischocken und getrockneten Cocktailtomaten

Die Kaninchenfilets in Medaillons schneiden. Die Paprikaschoten waschen, schälen, halbieren, entkernen und in Quadrate schneiden. Den Zucchino putzen, waschen und in dickere Scheiben schneiden. Die Rosmarinzweige waschen, von 4 Zweigen die Blätter abstreifen und die Kaninchenmedaillons abwechselnd mit den Paprikastücken und Zucchinischeiben auf die Rosmarinspieße stecken.

Den Backofen auf 90 °C vorheizen. Die Butter und das Olivenöl in einer ofenfesten Pfanne mit dem Thymian- und dem übrigen Rosmarinzweig sowie mit 1 geschälten Knoblauchzehe erhitzen und die Kaninchenspieße darin rundherum kurz anbraten. Im Ofen in wenigen Minuten fertig garen.

Von den Artischocken die Spitze und die äußeren Blätter abschneiden. Das „Heu“ im Inneren entfernen, den Boden vom harten Blattansatz befreien und die Stiele schälen. Sofort in Zitronenwasser legen, damit die Schnittstellen nicht braun werden. Gut abgetropft in Olivenöl mit dem restlichen Thymian, der geschälten Knoblauchzehe und der Petersilie kurz braten.

Die Artischocken mit den Kaninchenspießen, getrockneten Cocktailtomaten und Vollkorn-Baguette-Chips auf Tellern anrichten. Wer möchte, garniert den Teller noch mit marinierten Salatblättern.

SO WIRD'S GUT!

Herr Diers reicht dazu noch kurz gebratenen Kaninchenrücken mit freigelegten Knochen.
Für die Baguette-Chips wird Vollkorn-Baguette vom Vortag in hauchdünne Scheiben geschnitten und zwischen zwei Pergamentpapierblättern im Backofen bei etwa 100 °C getrocknet.

WEINEMPFEHLUNG

Dazu empfiehlt die Sommelière der Zirbelstube den Grünen Silvaner „Alte Reben“ vom rheinhessischen Weingut Wittman. Dieser komplexe Wein verleiht mit seiner lebendigen Säure dem Gericht noch zusätzlichen Pep.

Da sage einer, Bernhard Diers sei nicht dekadent! Diese Spargelsuppe ist der Beweis. „Spargel und Imperial-Kaviar sind absolute Luxusprodukte," meint er, „und deshalb gehört dazu ein absolutes Super-Ei!" Wieso, bitte? „Ganz einfach. Dieses pochierte Ei gart sage und schreibe 90 Minuten."

Bernhard Diers

Spargelsuppe mit pochiertem Ei und Imperial-Kaviar

Für die pochierten Eier:
4 Eier
Butter für die Formen
Für die Spargelsuppe:
1 kg weißer Spargel
Butter zum Dünsten
Meersalz
1 Prise Zucker
300 ml heiße Hühnerbrühe
200 g Sahne
60 g kalte Butter
4 TL Imperial-Kaviar

Für 4 Personen

Den Backofen auf 90 °C vorheizen. Die Eier aufschlagen und jedes in eine mit Butter ausgestrichene Portionsform geben. Einen Topf zweifingerbreit mit Wasser füllen, die Förmchen hineinstellen und die Eier im heißen Backofen etwa 1 1/2 Stunden pochieren.

Die Spargelstangen schälen (geschält gewogen sind es 640 g Spargel), die Spargelspitzen abschneiden und beiseite legen. Etwas Butter zerlassen und die tropfnassen Spargelendstücke (500 g ohne Spargelspitzen) darin andünsten. Mit Salz und Zucker würzen und zugedeckt kurz dämpfen. Die Hühnerbrühe dazugießen und die Spargelstücke weich kochen. Die Spargelspitzen in wenig kochendem Salzwasser bissfest kochen.

Die Spargelendstücke mit Sud im Mixer fein pürieren, durch ein Sieb passieren und mit der Sahne vermischt aufkochen lassen. Die Butter in kleinen Stücken mit dem Stabmixer unter die Spargelsuppe schlagen.

Die pochierten Eier jeweils aus den Förmchen in tiefe Teller gleiten lassen und die Spargelspitzen rundherum verteilen. Mit der aufgeschäumten Suppe umgießen und auf jedes Ei Kaviar häufen.

SO WIRD'S GUT!

Sie haben richtig gelesen: Bernhard Diers lässt die möglichst legefrischen Eier 1 1/2 Stunden pochieren! Aber ich kann es bestätigen: Der Zeitaufwand lohnt sich. Das Aroma der Eier ist unvergleichlich! Bernhard Diers wiegt alle Zutaten immer ganz exakt ab, damit die Konsistenz später perfekt ist. Wenn es beim Spargel hier nach dem Schälen auch ein paar Gramm mehr oder weniger sind, ist das nicht weiter schlimm, die Suppe gelingt trotzdem.

Bernhard Diers

Terrine von getrockneten Strauchtomaten mit Pinienkern-Pesto, gebratenen Gambas und Auberginen-Chips

10 vollreife Tomaten
einige Basilikumblätter
Salz
1 Prise Zucker
1 Spritzer Tabasco
12 Blatt Gelatine
10 getrocknete Tomaten (siehe Seite 186)
3–4 EL Pinienkern-Pesto (siehe Seite 186)
1 schlanke Aubergine
1 TL Thymian und Rosmarin, gehackt
8 frische Gambas (in der Schale)
frisch gemahlener Pfeffer
Olivenöl zum Braten
1 Thymianzweig
1 Rosmarinzweig
1 Knoblauchzehe
leicht marinierte Salatblätter nach Belieben

Für 4 Personen als Vorspeise

Die Tomaten waschen, vierteln und mit den gewaschenen Basilikumblättern im Mixer pürieren. Mit Salz, Zucker und Tabasco würzen. Ein Passiertuch in ein Sieb legen, die Tomatenmasse hineingeben und abtropfen lassen. 1 l Abtropfflüssigkeit abmessen und einige Löffel davon erwärmen. Die in kaltem Wasser eingeweichte und gut ausgedrückte Gelatine in der heißen Flüssigkeit auflösen und mit dem restlichen Tomatensaft verrühren. Noch einmal abschmecken und einen Teil des Tomatengelees 1/2 cm hoch in ein mit Frischhaltefolie ausgekleidetes Backblech (30 x 15 cm) gießen und kühl stellen. Das restliche Gelee lauwarm halten.

Eine Terrinenform von 30 x 4 x 3 cm Größe faltenfrei mit Frischhaltefolie auskleiden. Die erstarrte Geleemasse vom Backblech in die Terrine gleiten lassen. Etwas vom flüssigen Tomatengelee hineingießen. Die getrockneten Tomaten durch das übrige Tomatengelee ziehen und in der Terrine verteilen. Das Pinienkern-Pesto mit einem Pinsel auf die getrockneten Tomaten streichen und diesen Vorgang wiederholen, bis die Terrine gefüllt ist. Abschließend mit einigen Löffeln Tomatengelee bedecken und mit der überstehenden Folie verschließen. Die Terrine kühl stellen.

Den Backofen auf 160 °C vorheizen. Die Aubergine putzen, waschen und mit der Aufschnittmaschine in dünne Scheiben schneiden. Die Scheiben auf ein Küchentuch legen, mit Salz bestreuen und einige Minuten ziehen lassen. Die austretende Flüssigkeit mit Küchenpapier abtupfen. Die Auberginenscheiben auf ein mit Pergamentpapier ausgelegtes Backblech legen, mit Thymian und Rosmarin bestreuen, mit einem zweiten Bogen Pergamentpapier bedecken und im Ofen in etwa 40 Minuten trocknen lassen.

Von den Gambas den Kopf und die Schalen bis auf das Schwanzende entfernen. Den Darm jeweils mit einem spitzen Messer entfernen. Die Gambas waschen, mit Salz und Pfeffer würzen und in wenig erhitztem Olivenöl kurz braten. Die gewaschenen Kräuter und die geschälte Knoblauchzehe im Ganzen hinzugeben und kurz durchschwenken.

Die Terrine stürzen und in 4 cm breite schräge Stücke schneiden. Die Terrinenstücke mit jeweils 2 gebratenen Gambas auf den Tellern anrichten und mit den knusprigen Auberginen-Chips garnieren. Eventuell einige marinierte Salatblätter dazu reichen.

SO WIRD'S GUT!

Durch das langsame Antrocknen der Tomaten konzentriert sich ihr Aroma. Auf diese Weise kann man auch Cocktailtomaten zubereiten und diese dann als kleinen Snack auf getoasteten Baguettescheiben servieren.

Melonensuppe mit Schaum:
300 g rotes Wassermelonen-Fruchtfleisch
300 g gelbes Wassermelonen-Fruchtfleisch
frisch geriebener Ingwer
eingelegter Ingwer
3 EL reduzierter weißer Portwein
(6 EL einkochen lassen)
3 EL weißer Portwein
Cayennepfeffer
2 1/2 Blatt Gelatine
Für den Melonenschaum:
300 g rotes und gelbes Wassermelonen-Fruchtfleisch
2 Blatt Gelatine
2 EL reduzierter weißer Portwein
(4 EL einkochen lassen)
50 g Crème fraîche

Marinierte Melonenperlen in knusprigen Kürbiskernblättern:
1 Galia-Melone
1 TL Estragonblätter, fein geschnitten
12 Kürbiskernblätter (siehe Seite 187)

Gefüllte Charentais-Melone:
1 Charentais-Melone
2 EL reduzierter weißer Portwein
(4 EL einkochen lassen)
2 EL weißer Portwein
Salz, Cayennepfeffer
Ingwersirup
8 g Agar-Agar
100 ml Wasser
100 ml Orangensaft

Für jeweils 4 Personen als Appetithäppchen

Bernhard Diers

Variationen von Melone

Das rote und gelbe Wassermelonen-Fruchtfleisch jeweils getrennt mit etwas frischem und eingelegtem Ingwer im Mixer fein pürieren. Jeweils die Hälfte des reduzierten und des frischen Portweins hinzufügen und mit Cayennepfeffer pikant abschmecken. Die in kaltem Wasser eingeweichte, gut ausgedrückte und warm aufgelöste Gelatine unter das gelbe Melonenpüree rühren. Das gelbe Püree auf vier Gläser verteilen, kalt stellen und erstarren lassen. Die rote Melonensuppe daraufgießen und erneut kalt stellen.

Für den Melonenschaum das Melonen-Fruchtfleisch im Mixer pürieren und das Püree durch ein Sieb streichen. Die Gelatine in kaltem Wasser einweichen, gut ausdrücken und in dem heißen Portwein auflösen. Das Melonenpüree mit der Gelatinelösung und der Crème fraîche verrühren. Die Mischung kalt stellen und kurz vor dem Servieren mit dem Stabmixer schaumig aufschlagen. Jeweils etwas Melonenschaum auf die kalte Melonensuppe häufen.

Für die marinierten Melonenperlen die Melone halbieren und entkernen. Die Kerne durch ein Sieb streichen und den Saft auffangen. Aus dem Fruchtfleisch mit einem Kugelformer gleichmäßige Kugeln ausstechen. Das übrige Melonen-Fruchtfleisch mit einem Löffel auskratzen, im Mixer mit dem aufgefangenen Saft pürieren und mit Estragonblättern abschmecken. Die Mischung durch ein feines Sieb streichen und die Melonenkugeln in diesem Sud einige Stunden durchziehen lassen. Die eingelegten Melonenkugeln zwischen Kürbiskernblättern zu kleinen Türmchen aufschichten.

Die Charentais-Melone halbieren und entkernen. Die Kerne durch ein Sieb streichen und den Saft auffangen. Das Fruchtfleisch bis auf 1 cm aus der Schale entfernen. 800 g Fruchtfleisch auf 45 °C erwärmen, mit dem aufgefangenen Saft im Mixer pürieren und die Masse durch ein Sieb streichen. Mit reduziertem und frischem Portwein, Salz, Cayennepfeffer und Ingwersirup abschmecken.

Den Agar-Agar in Wasser und Orangensaft unter ständigem Rühren 4 bis 5 Minuten bei kleiner Hitze kochen. Dann unter das wiederum auf 45 °C erwärmte Melonenpüree mischen und in die vorbereiteten Melonenhälften füllen. Die Hälften kalt stellen und kurz vor dem Servieren mit einem scharfen Messer in Viertel oder Achtel schneiden.

SO WIRD'S GUT!

Bernhard Diers richtet diese raffinierten Melonen-Häppchen gemeinsam auf einer Glasplatte an und serviert sie im Sommer als Vorspeise. Man kann aber natürlich auch jedes der erfrischenden Gerichte alleine genießen.

Bernhard Diers

Delice von Buttermilch und Salatgurke mit Würzlachs und Flädle-Paprika-Millefeuille

Für die Buttermilch-Delice:
100 ml Buttermilch
Salz, frisch gemahlener Pfeffer
Cayennepfeffer
1 EL fein geschnittener Dill
1 1/2 Blatt Gelatine
10 g Sauerrahm
50 g Sahne, halb steif geschlagen
Für das Gurkengelee:
1 kleine Salatgurke
Salz
1 Dillstängel, gehackt
1 Prise Zucker
Cayennepfeffer
1 Blatt Gelatine
Für die Paprika-Mousse:
300 g rote Paprikaschoten
30 ml Olivenöl
Thymian- und Rosmarinblättchen mit
Knoblauch (fein gehackt)
Salz, frisch gemahlener Pfeffer
1 1/2 Blatt Gelatine
Für die Flädle:
200 ml Milch
2 Eier
20 g Nussbutter (leicht gebräunte Butter)
40 g Mehl
Salz, frisch geriebene Muskatnuss
1 EL Kräuter, fein gehackt (z. B.
Petersilie, Basilikum, Schnittlauch,
Salbei und Thymian)
Butter zum Ausbacken
Außerdem:
300 g Würzlachs (siehe Seite 187)
Salatblätter nach Belieben

Für 4 Personen als Vorspeise

Die Buttermilch in eine Schüssel geben und mit Salz, Pfeffer, Cayennepfeffer und Dill würzig abschmecken. Die in kaltem Wasser eingeweichte und gut ausgedrückte Gelatine im erwärmten Sauerrahm auflösen und unter die Buttermilch rühren. Die Sahne unterheben und die Masse 1 cm hoch in beschichtete runde Förmchen mit 6 cm Durchmesser füllen. Die Mousse kühl stellen, bis die Oberfläche fest ist.

Währenddessen die Salatgurke schälen, mit einem Kugelausstecher 16 kleine Perlen ausstechen und beiseite legen. Die restliche Gurke längs halbieren, die Kerne mit einem Löffel herauskratzen. Das Gurkenfleisch zerkleinern, leicht salzen und 10 Minuten ziehen lassen. Die Gurkenstücke mit Dill und Gewürzen im Mixer pürieren. Das Püree mit den Kernen vermischen, in ein mit einem Passiertuch ausgelegtes Sieb geben und den abtropfenden Gurkensaft auffangen. 100 ml Gurkensaft abmessen. Die Gelatine in kaltem Wasser einweichen, gut ausdrücken, in 1 EL erhitztem Gurkensaft auflösen und mit dem restlichen Gurkensaft verrühren. Die Geleeflüssigkeit auf der Buttermilch-Mousse verteilen und erneut kalt stellen.

Den Backofen auf 160 °C vorheizen. Die Paprikaschoten waschen, vierteln, entkernen und mit den Schnittflächen auf ein mit Olivenöl gefettetes Backblech setzen. Die Schoten mit den Kräutern und Knoblauch bestreuen, mit Salz und Pfeffer würzen und im Ofen bei leicht geöffneter Tür 30 Minuten garen. Anschließend häuten und das Fruchtfleisch im Mixer pürieren. 150 g Paprikacreme mit der kalt eingeweichten, gut ausgedrückten Gelatine und dem restlichen Olivenöl gründlich vermischen und kühl stellen, bis die Masse zu gelieren beginnt.

Für die Flädle alle Zutaten bis auf die Kräuter mit dem Handrührgerät zu einem glatten Teig verarbeiten. Den Teig durch ein Sieb streichen und die Kräuter unterrühren. Aus dem Teig in erhitzter Butter kleine Pfannkuchen mit 10 cm Durchmesser backen.

Einen Ring mit 10 cm Durchmesser abwechselnd mit einer Schicht Flädle und einer Schicht Paprika-Mousse füllen. Den Vorgang dreimal wiederholen, die Oberfläche leicht festdrücken und das Millefeuille kalt stellen.

Den Würzlachs in dünne Scheiben schneiden und kreisförmig auf vier Tellern verteilen. Die Buttermilch-Delice stürzen und auf den Würzlachs setzen. Das Millefeuille wie eine Torte in Stücke schneiden und daneben anrichten. Mit einigen feinen Streifen Paprika-Mousse dekorieren. Nach Belieben ein kleines Salat-Bouquet auf das Millefeuille setzen.

Für die Hummersauce:
50 g Schalotten
2 Knoblauchzehen
40 g Fenchelknolle
25 g Staudensellerie
4 vollreife Tomaten
1 kg Hummerkarkassen, gewaschen und zerkleinert
2–3 EL Olivenöl
15 g Meersalz
4 g weiße Pfefferkörner, zerstoßen
2 frische Lorbeerblätter
2 Thymianzweige
1 TL Tomatenmark
1,5 cl Pernod
1 cl Weinbrand
6 cl Noilly Prat
250 ml trockener Weißwein
500 ml kaltes Wasser oder Geflügelbrühe
50 g kalte Butter
Für den Hummer und die Seezunge:
1/2 Stange Lauch (nur das weiße Innere)
1 Stange Staudensellerie
2 Schalotten
Meersalz
Pfefferkörner
Kümmelsamen
1 Lorbeerblatt
2 Hummer (à 500 g)
4 Seezungenfilets (à 80 g)
frisch gemahlener Pfeffer
Zitronensaft
Mehl zum Bestäuben
geschmacksneutrales Öl zum Braten
Außerdem:
je 8 Stangen weißer und grüner Spargel
Salz, Zucker
40 g Butter
100 g Zuckerschoten
8 kleine Kartoffeln

Für 4 Personen als Hauptgericht

Bernhard Diers

Frikassee von Hummer, Seezunge und Spargel mit neuen Kartoffeln

Für die Sauce die Schalotten und die Knoblauchzehen schälen, Fenchel und Selleriestangen putzen, waschen und alles klein schneiden. Die Tomaten waschen und in grobe Stücke schneiden.

Die abgetrockneten Karkassen in Olivenöl hell anrösten. Die Schalotten, Knoblauch, Fenchel und Sellerie hinzufügen und ohne Farbe nehmen zu lassen andünsten. Salz, Pfefferkörner, Lorbeerblätter, den gewaschenen Thymian und die Tomaten dazugeben und so lange braten lassen, bis die Flüssigkeit verdampft ist. Das Tomatenmark unterrühren und mit Pernod, Weinbrand, Noilly Prat und Weißwein ablöschen. Auf ein Drittel einkochen lassen, mit Wasser oder Geflügelbrühe aufgießen und 45 Minuten bei kleiner Hitze kochen lassen. Die Flüssigkeit durch ein Sieb abgießen, dabei die Karkassen kräftig ausdrücken. Den Fond sämig einkochen lassen und kurz vor dem Servieren die Butter in kleinen Stücken mit dem Stabmixer unterschlagen.

Den Lauch und die Selleriestange putzen und waschen, die Schalotten schälen. Das Gemüse mit Salz, Pfefferkörnern, Kümmel, Lorbeerblatt und reichlich Wasser zum Kochen bringen. Die Hummer mit dem Kopf voran hineingeben, aufkochen lassen und den Topf vom Herd nehmen. Die Hummer 5 Minuten gar ziehen lassen, dann sofort in gesalzenes Eiswasser geben. Die Karkassen und die Scheren aufbrechen und das Fleisch entnehmen. Den Darm auf der Rückseite entfernen und die Hummer halbieren.

Die Spargelstangen schälen. Die grünen und die weißen Stangen jeweils zusammenbinden, knapp mit heißem Salzwasser bedecken, Zucker und 20 g Butter dazugeben und bissfest kochen. Die grünen Spargelstangen nach etwa 6 Minuten herausnehmen, die weißen Stangen je nach Dicke 15 bis 18 Minuten garen. Die gewaschenen Zuckerschoten in kochendem Salzwasser bissfest kochen und kalt abschrecken.

Die Kartoffeln waschen und mit der Schale in Wasser garen. Die Kartoffeln abgießen, dabei etwas Kochwasser auffangen. Die Kartoffeln pellen, in der übrigen heißen Butter mit etwas Kartoffelkochwasser schwenken und salzen.

Die Seezungenfilets waschen und trockentupfen. Mit Salz, Pfeffer und Zitronensaft würzen, mit Mehl bestäuben und im Öl goldbraun braten.

Die Hummerstücke kurz erwärmen und mit den Seezungenfilets auf vier vorgewärmte Teller verteilen. Jeweils 2 grüne und weiße Spargelstangen sowie Zuckerschoten und Kartoffeln daneben anrichten und mit der aufgeschäumten Hummersauce beträufeln.

Bernhard Diers

Lasagne mit Tomaten und Blattspinat mit Bärlauchsauce

je 1/2 Grundrezept roter, schwarzer, gelber
und grüner Nudelteig (siehe Seite 187)
1 Eiweiß, leicht geschlagen
Für die Spinatfüllung:
2 Schalotten
50 g goldbraune Butter
1 kg geputzte Spinatblätter
1 Knoblauchzehe
Salz, frisch gemahlener Pfeffer
frisch gemahlene Muskatnuss
100 g Pinienkerne, geröstet und gehackt
Für die Tomatenfüllung:
4 vollreife Fleischtomaten
Salz, frisch gemahlener Pfeffer
1–2 EL natives Olivenöl extra
einige Tropfen Balsamico-Essig
Für die Bärlauchsauce:
40 g Schalotten
30 g Lauch
50 g Staudensellerie
2 EL Olivenöl
10 g Butter
1 kleines Bund junger Bärlauch
Meersalz
2 kleine frische Lorbeerblätter
1 Thymianzweig
1 g weiße und schwarze Pfefferkörner
125 ml Weißwein
5 cl Noilly Prat
500 ml heiße Hühnerbrühe
300 g Sahne
50 g Sauerrahm
50 g kalte Butter
2 EL frisches Bärlauch-Pesto (siehe So wird's gut!)
Außerdem:
einige getrocknete Cocktailtomaten (siehe Seite 186)
gegartes Gemüse der Saison

Für 4 Personen als Hauptgericht

Jeden Teig etwa 1/2 cm dick ausrollen und mit dem Eiweiß bestreichen. Die Teige übereinander auf ein Brett legen, mit einem zweiten Brett und einem Gewicht beschweren und einige Stunden durchkühlen lassen. Die Teige anschließend in etwa 1 cm dicke Scheiben schneiden und diese mit der Nudelmaschine 3 bis 4 mm dick ausrollen. Die Teigstreifen auf 4,5 x 14 cm zurechtschneiden und kurz trocknen lassen. In kochendem Salzwasser blanchieren, in kaltem Wasser abschrecken und nebeneinander legen.

Für die Spinatfüllung die Schalotten schälen, in Würfel schneiden und in der goldbraunen Butter andünsten. Den gewaschenen, abgetropften Spinat dazugeben und zusammenfallen lassen. Den Boden eines Topfes mit der geschälten, halbierten Knoblauchzehe abreiben, den Spinat hineingeben und mit Salz, Pfeffer und Muskat würzen. Die Pinienkerne untermischen. Den Spinat 1 cm hoch auf einem Backblech verteilen, mit Folie bedecken und kalt stellen. Den abgekühlten Spinat in Stücke von der Größe der Lasagneblätter schneiden.

Für die Tomatenfüllung die Tomaten kurz blanchieren, häuten, vierteln und entkernen. Das Fruchtfleisch in Streifen schneiden und mit Salz und Pfeffer würzen. Das Olivenöl erhitzen, die Tomatenstreifen darin schwenken und mit Essig würzen. Abkühlen lassen.

Für die Bärlauchsauce die geschälten Schalotten, den geputzten und gewaschenen Lauch und die Selleriestange in kleine Würfel schneiden und in Olivenöl und Butter glasig dünsten. Den gewaschenen, klein geschnittenen Bärlauch und die Gewürze untermischen, mit Weißwein und Noilly Prat ablöschen und auf ein Drittel einkochen lassen. Mit Hühnerbrühe auffüllen und erneut auf die Hälfte einkochen lassen. Die Sahne und den Sauerrahm unterrühren, kurz erhitzen und die Sauce durch ein Sieb passieren. Vor dem Servieren die Butter in kleinen Stücken und das Bärlauch-Pesto mit dem Stabmixer unterschlagen.

Die Nudelblätter in heißem Wasser erwärmen und auf vier vorgewärmte Teller jeweils 1 Nudelblatt legen. Die angewärmten Spinatplatten darauflegen, mit einem zweiten Nudelblatt belegen und darauf die Tomatenstreifen verteilen. Mit einem Nudelblatt bedecken, mit der Bärlauchsauce übergießen und mit getrockneten Cocktailtomaten und nach Belieben mit gegartem Gemüse der Saison garnieren.

SO WIRD'S GUT!

Für das Bärlauch-Pesto nimmt Bernhard Diers 1 Bund junge Bärlauchblätter und 1 EL Pinienkerne und mixt alles mit so viel nativem Olivenöl extra, bis eine cremig-flüssige Masse entsteht. Gut gekühlt hält sich der Pesto einige Tage.

Seine Gedanken würden schon mal abschweifen beim Kochen, gesteht Diers. Bei diesem Dessert dürften seine Gedanken besonders weit schweifen. Denn seine Frau hat er bei der Bambi-Verleihung 1985 in Offenburg kennen gelernt, als sie bei minus elf Grad die Dessertteller mit Erdbeeren garnierte. Und er hat ihre Hände gewärmt …

Bernhard Diers

Erdbeer-Cocktail Ivoire

Für das Erdbeergelee:
400 g Erdbeeren
20 g Puderzucker
Mark von 1/2 Vanilleschote
6 cl Cointreau
2 g Sichuanpfeffer
30 ml Moscato d'Asti
2 Blatt Gelatine

Mousse von Ivoire-Schokolade:
80 ml Milch
150 g Ivoire-Schokolade
1 Blatt Gelatine
1 TL Grand Marnier
160 g Sahne, halb steif geschlagen

Für den Erdbeersalat:
200 g frische Erdbeeren
Puderzucker nach Geschmack
Zitronensaft
einige frische Minzeblätter

Erdbeer-Granité:
300 ml Erdbeerpüree
Saft von 1 Limette
Mark von 1/4 Vanilleschote
2 cl Grand Marnier
250 ml Moscato d'Asti

Erdbeereis:
250 g Sahne
1 Vanilleschote
6 Eigelb
90 g Zucker
250 ml Erdbeerpüree

Außerdem:
Anis-Hippen (siehe Seite 187)

Für 8 Personen

Für das Erdbeergelee die Erdbeeren waschen, putzen, halbieren und mit Puderzucker, Vanillemark und Cointreau bei kleiner Hitze etwa 10 Minuten kochen lassen. Die Masse in ein mit einem Passiertuch ausgelegtes Sieb geben und den abtropfenden Saft auffangen. 200 ml Saft abmessen und mit Sichuanpfeffer würzen. Den Moscato d'Asti erhitzen und die in kaltem Wasser eingeweichte und gut ausgedrückte Gelatine darin auflösen. Die Gelatinelösung mit dem gewürzten Erdbeersaft vermischen. Das Erdbeergelee in acht schräg gestellte Cocktailgläser füllen und kalt stellen.

Für die Schokoladen-Mousse die heiße Milch über die grob gehackte Schokolade gießen und zu einer homogenen Masse verrühren. Die in kaltem Wasser eingeweichte und gut ausgedrückte Gelatine im erhitzten Grand Manier auflösen und unter die Schokoladenmasse rühren. Die Sahne unterheben und die Mousse auf dem erstarrten Erdbeergelee verteilen.

Für den Erdbeersalat die Erdbeeren waschen, putzen, in Scheiben oder Viertel schneiden und mit Puderzucker, Zitronensaft und fein geschnittenen Minzeblättern marinieren.

Für das Granité alle Zutaten bis auf den Moscato miteinander verrühren. Zum Schluss den Moscato vorsichtig unterrühren, die Masse in ein flaches Gefäß füllen und im Tiefkühlgerät gefrieren lassen.

Für das Erdbeereis die Sahne mit der aufgeschnittenen Vanilleschote aufkochen und bei kleiner Hitze 30 Minuten ziehen lassen. Die Eigelbe mit dem Zucker über einem Wasserbad schaumig schlagen. Die Vanilleschote entfernen, die heiße Sahne nach und nach unter die Eigelbmasse schlagen und weiterschlagen, bis die Masse cremig ist. Die Sahnecreme durch ein Sieb streichen und in der Eismaschine gefrieren lassen.

Den Erdbeersalat auf der Schoko-Mousse anrichten. Ein paar Löffel Granité abschaben und daraufhäufen. Jeweils eine Nocke Erdbeereis darauflegen und den Cocktail mit knusprigen Anis-Hippen servieren.

Limettencreme mit Karamelleis und Zitrussauce. Ja, da hat einer wie Bernhard Diers kein schlechtes Kalorien-Gewissen. Er frühstückt ja täglich nur einen Apfel mit reichlich stillem Wasser und Kaffee. Ach so, und ins Fitness-Studio geht er auch, nachmittags, wenn Pause ist, für 45 Minuten. Inline-Skaten muss auch noch sein. Wenn wir uns daran ein Vorbild nehmen, darf's auch diese freche Diers'sche Limettencreme-Verführung sein, oder?

Bernhard Diers

Limettencreme mit Karamelleis, Zitrussauce und Ingwerkrusteln

Für den Zitrussud:
400 ml Weißwein
600 ml Wasser
400 g Zucker
100 ml Zitronensaft
170 ml Limettensaft
250 g Zitronengras, fein geschnitten (von etwa 20 Stangen)
20 g abgeriebene Schale von unbehandelten Zitronen
18 g Limettenschale (von etwa 6 unbehandelten Limetten)
6 Blatt Gelatine

Für das Karamelleis:
320 g Zucker
25 ml Limettensaft
750 g heiße Sahne
250 ml heiße Milch
12 Eigelb

Für die Limettencreme:
6 Eier
200 g Zucker
abgeriebene Schale von 4 unbehandelten Limetten
50 g flüssige Butter
3 Blatt Gelatine
100 ml Limettensaft
380 g Sahne, halb steif geschlagen

Außerdem:
Ingwerkrusteln (siehe Seite 188)
einige in Himbeersaft marinierte Zitronenscheiben und -zesten
einige Minzezweige

Für 4 Personen

Für den Zitrussud den Weißwein mit Wasser, Zucker, Zitronen- und Limettensaft sowie dem Zitronengras erhitzen und 5 Minuten bei kleiner Hitze kochen lassen. Von der Kochstelle nehmen und über Nacht durchziehen lassen. Am nächsten Tag die Zitronen- und Limettenschale untermischen und den Sud kurz aufkochen lassen. Die in kaltem Wasser eingeweichte und gut ausgedrückte Gelatine unterrühren. Den Sud erneut 1 Stunde ziehen lassen.

Für das Karamelleis den Zucker in einer Pfanne goldgelb karamellisieren lassen. Mit dem Limettensaft ablöschen und mit der heißen Sahne und Milch aufgießen. Die Eigelbe verrühren und nach und nach die heiße Karamellmilch mit einem Schneebesen unterschlagen. Schlagen, bis die Masse dicklich wird. In einer Eismaschine gefrieren lassen.

Für die Limettencreme die Eier mit dem Zucker über einem Wasserbad schaumig aufschlagen. Anschließend über einer Schüssel mit Eiswürfeln kalt schlagen und dabei die Limettenschale sowie die lauwarme Butter hinzufügen. Die in kaltem Wasser eingeweichte, gut ausgedrückte und im erwärmten Limettensaft aufgelöste Gelatine unter die Eigelbmasse rühren. Die Mischung kalt stellen, bis sie zu gelieren beginnt. Dann die Sahne unterziehen und erneut kalt stellen.

Die Limettencreme auf vier Tellern anrichten, das Eis als Nocken auf der Creme anordnen und mit dem Zitrussud umgießen. Mit Ingwerkrusteln, Zitronenscheiben, -zesten und Minze garnieren.

Academy of
Sciences
Presents
Celle
Celle Germany
Official Notification that this
be the recipient of our
Award.
trustees

Foto Seite 96:
Hotel Fürstenhof in Celle.

ZU GAST BEI HANS SOBOTKA IM FÜRSTENHOF CELLE

„Wovon man nicht sprechen kann, darüber muss man schweigen.“
(Ludwig Wittgenstein)

Hans Sobotka ist ein Mann des Schweigens und kein Freund von Unruhe oder ständigem Wechsel. Seit 18 Jahren kocht er im Restaurant Endtenfang – seit 17 Jahren hält er seinen Stern. Nur einmal in all den Jahren war er krank. Er hatte sich den Arm gebrochen und fiel drei Tage aus.

Wie, dieser bodenständige Mann mit der bedächtigen Sprache stammt nicht aus Niedersachsen? Gelsenkirchen ist seine Heimatstadt! Schwer vorstellbar. Hans Sobotka wirkt eher, als hätte er selbst die legendäre Entenvesper aus der Zeit von Herzog Georg Wilhelm zu Braunschweig-Lüneburg aus dem 17. Jahrhundert erfunden. Es kostete mich mindestens fünfzehn Fragen, bis ich aus ihm herausbekommen habe, was es denn mit dieser, bis heute exzeptionellen und viel gebuchten Entenvesper auf sich hat. Gerhard Schröder hat sie gerne verspeist, als er noch niedersächsischer Ministerpräsident war, Gilbert Bécaud war ebenso begeistert wie Pierre Brice.

Das Geheimnis dieses üppigen Entenmenüs: Fleischige, junge Freilandenten, sechs Wochen alt und mindestens zwei Kilogramm schwer, reibt man innen und außen mit einer Kräutermischung aus Beifuß, Thymian und Basilikum ein, bevor man sie im Ganzen kross brät. Bei Tisch wird die Ente tranchiert und man serviert als erstes die Brust mit Sauce. Vor dem Gang mit den Keulen samt passender Beilagen gibt es ein Sorbet zum Neutralisieren. Und selbstverständlich ist ein abschließender Digestif unbedingt vonnöten.

Trickreich lief das damals, im 17. und 18. Jahrhundert, mit dem Endtenfang: Man hatte einen rechteckigen Teich angelegt, an dessen vier Ecken sich 30 Meter lange Kanäle in die Landschaft schoben. In diese wurden die Wildenten mit Hilfe von Lockenten getrieben. Am Ende der Kanäle warteten Fangnetze auf das Wildgeflügel und dann war es ein leichtes Spiel, ihnen das Leben auszuhauchen. Der heutige Fürstenhof hat noch die einzige derartige Teichanlage aus Celles Barockzeit, die erhalten blieb.

Schon damals stand man mehr auf Schein als auf Sein: Der Fachwerkbau wurde bei seiner Errichtung im Jahr 1670 kunstvoll übertüncht, um ein teures Steinhaus vorzutäuschen. Bei der Innenausstattung ließen sich die adligen Bewohner jedoch nicht lumpen. So sind die Wände des Tapetenzimmers mit den ersten handbedruckten Tapeten der Welt bedeckt, gigantische Schwarz-Weiß-Motive aus dem Jahr 1825 von einer Madrider Werkstatt.

Im Zweiten Weltkriegs erlebte das Haus einen beispiellosen Niedergang. Nach etlichen Einquartierungen wagte niemand mehr in das marode Gehöft zu investieren. Also musste die Stadt Celle ran, die sich dann aber, aus Geldnot, für den Abbruch entschied. Glücklicherweise gab es Christian Ludwig Graf von Hardenberg, der sich seiner Vorfahren besann, die in diesem Palais residierten und er investierte viel Geld und ebensoviel persönliches Engagement. 1970 eröffnete der Bonvivant den Fürstenhof Celle als Hotel und Restaurant, das schnell in ganz Norddeutschland einen hervorragenden Ruf bekam.

Im Jahre 2005 übernahm eine Investorengruppe mit dem nötigen Kleingeld für eine Grundsanierung den Fürstenhof und gliederte ihn in die Althoff-Gruppe ein. Und so vergnügen sich heute die Gäste im nagelneuen Pool und residieren im 60er-Jahre-Neubau des Grafen Hardenberg in Zimmern, die sich nicht unbedingt durch übermäßige Größe, aber durch wohlige Wohnwelten auszeichnen. Der Gast kann wählen unter sechs Stilrichtungen: steht ihm der Sinn nach „Pferde“-Ambiente, nach „Golf“, „Jagd“, „Heide“ oder schlicht nach „Romantik“? Ach ja und „Fürstlich“ gibt's auch noch.
Hans Sobotka hat mit all dem nichts an der Kochmütze. Er lässt seit 18 Jahren im Interieur des Grafen Pilati servieren und freut sich des ungebrochenen Zulaufs in seinen Endtenfang. Einer der Stammgäste darf sogar bis ins Allerheiligste fahren und seinen Mercedes direkt vor dem Eingang parken. Der Verleger der Celleschen Zeitung kommt täglich hierher – wohlgemerkt, seit Sobotka hier residiert, also seit 18 Jahren! Für einige andere Stammgäste ist die Sobotka-Küche vier- bis fünfmal pro Woche fürstliche Edel-Kantine. Andere müssen für diese kulinarische Grundversorgung ein bisschen weiter fahren: Das Einzugsgebiet des Endtenfangs reicht bis Hannover, Braunschweig und sogar aus Hamburg reisen die Gäste an.
Aber zurück zum Stammgast Nummer eins, dem Verleger. Der ist ja qua seines Berufes hoch eloquent und kann mir über Hans Sobotka genau das erzählen, worüber dieser selbst beharrlich schweigt. Der Sobotka, der sei ein Urgestein. Den könne er sich genauso am Herd vorstellen wie auf Schalke. Der wolle immer das Beste, immer den Sieg. Der sei nichts für die Verteidigung, der sei was für den Sturm. Schalke 04, das dürfte neben Frau, Sohn und Restaurant der Dreh- und Angelpunkt für Hans Sobotka sein. Selber Sport treiben, das ist nichts für ihn, dafür hat er keine Zeit, sagt er, und außerdem sei er Jahrgang 1948. Aber sonntags, wenn er frei hat, dann fährt er quer durch die Republik zu den Spielen, auch zum UEFA-Cup, denn samstags kann er ja leider nicht weg. Aber dann und wann in seiner Heimatstadt Gelsenkirchen zu sein, findet er schön.
Hartgesotten sei der Sobotka, meint der Verleger weiter. Schließlich verteidige der schon seit 17 Jahren seinen Stern. Die Tester von Gault-Millau und Michelin fürchtet er nicht, außerdem erkennt er sie nicht, und das ist auch nicht wichtig, denn die Küche muss schlicht und einfach immer Spitze sein. Ja, sagt der Verleger, der Hans kocht wirklich ganz vorzüglich. Außerdem: Wertschätzung möge er durchaus, der Sobotka. Schmeicheleien dagegen gehörten nicht in seine Welt. Polternd sei er, bodenständig und nach außen immer gleich. Gute Laune würde man daran erkennen, dass er mehr als einen Halbsatz pro Minute von sich gäbe. „Der Mann ist charakterlich in Ordnung.“
Dass er ein erfahrener Altmeister ist, erkennt man schnell aus den Stationen seiner Biografie. Schloss Hugenpoet bei Essen, Kempinski Berlin, Restaurant Clavel in Bordeaux, Hotel National in Montreux, Breitenbacher Hof in Düsseldorf und Vier Jahreszeiten in München. Na, meint er bedächtig, der Anfang, als er 16 war, im Industrieclub Gelsenkirchen, der habe ihn echt genervt. Grausige Arbeitszeiten und eine immense körperliche Belastung waren es schon, aber die vielen Stationen – jeweils für ein Jahr – das sei dann doch sehr schön gewesen. Vor allem weil seine Frau, eine Industriekauffrau, ihren Job aufgegeben hat und überall hin mitgekommen ist.

Und heute, wenn er mittags nach Hause kommt, dann kocht sie ihm das, was er am liebsten mag: Rindsrouladen, Sauerbraten, Frikadellen. „Das ist meine Welt." Desserts gehören weniger dazu. Naja, und mittlerweile akzeptiert er Vegetarier – und guckt mich dabei ziemlich verwegen an.
Also, wir bereiten gemeinsam etwas zu, das nicht zu seinen privaten Favoriten zählen dürfte, aber zu den meinen: „Salat Riviera" mit einem Thunfisch in Sushi-Qualität. Den brät er im Ganzen so kurz an, dass ich einen Schreck bekomme. Das mit dem Sushi war tatsächlich ernst gemeint. Wir kombinieren meine geliebte Wildkräutermischung mit einem Glacial-Salat, Rotem Mangold und Mizuna. Puh, denke ich, da müsste ich auch auf dem besten Salat-Biotop Münchens, auf dem Viktualienmarkt, lange, lange suchen. Wir platzieren Wachteleier darauf („Natürlich zertifizert", sagt er und denkt bestimmt: Blöde Frage!) und eine Kapuzinerblüte senkt sich auf die Kreation. 15 Jahre alten und eingedickten Balsamico spritze ich tropfenweise darüber. „Von Viani aus Göttingen", brummt er. Es war nicht leicht, ihm das Rezept für das Dressing zu entlocken, aber zu guter Letzt klappte es doch noch. Ein frischer, frankophiler Salat – einfach und perfekt.
Ja, meint Sobotka, er koche heute sehr viel leichter als früher, und er sieht dabei gar nicht so unglücklich aus. Mehr Fisch verwende er, mehr Kräuter, weniger Butter – mediterranen Einflüssen könne man sich ja gar nicht mehr entziehen. Wie wunderbar!, denke ich. Und er beherrscht diese leichte Küche genauso filigran wie die Schwere seiner grandiosen Entengerichte. Natürlich kocht er jahreszeitlich angepasst, natürlich steht für ihn das Produkt im Vordergrund, natürlich offeriert er eine abwechslungsreiche Karte – doch die Kräuter, die er bevorzugt sind eher herkömmlich: Rosmarin, Thymian, Lavendel, Salbei oder Basilikum und natürlich Liebstöckel, das in seinem Garten bestens gedeiht ebenso wie Majoran, Estragon und Zitronenthymian. Aber – wer hätte das gedacht – er outet sich als „kein Gartenfan". Koriander mag er nicht („zu seifig!"), Thai-Basilikum nimmt er selten („zu modisch!"), Zitronengras gehört für ihn in dieselbe Trend-Schublade, und Ingwer ist „gar nicht mein Ding".
Was bestellen die Gäste im neuen Jahrtausend im Endtenfang? Steinbutt, Seezunge, Rascasse läuft überraschend gut, unglaublich viel Hummer und natürlich Lamm, Reh und Wild.
Kann er erahnen, nach so viel Erfahrung, was der Gast bestellen wird – vielleicht auch, wie viele Gänge? „Meine leichteste Übung!" Sobotka als Hellseher. Ich bin erstaunt. Was ich denn wohl heute bei ihm ordern würde? „Den Salat von Bretonischem Hummer, süßsauer", orakelt er, „die Artischockencreme, dann Rascasse mit Gnocchi und die Variation von Kirschen. Ich täusche mich selten!" Naja, schlecht liegt er wirklich nicht. Abgesehen davon, dass ich grundsätzlich auf Desserts verzichte, hat er voll ins Schwarze getroffen.
Ein Mann wie ein Fels in der Brandung. Woran sein Küchenteam denn merken würde, dass ein Sturm aufzieht, möchte ich zum Schluss noch von ihm wissen. „‚Habt ihr schon wieder Feierabendstimmung?', sag' ich nur. Dann wissen sie schon, was die Stunde geschlagen hat."
Eigentlich hätte ich nun das Küchen- und Lebensmotto von Hans Sobotka selber formulieren können – in dieser Hinsicht erscheint er mir offen wie ein Buch: „Jeder Tag ist eine neue Herausforderung. Jeden Tag muss ich mich neu behaupten und beweisen. Die Qualität muss immer stimmen."

Dieser Mann mag nicht gerne reden. Und erklären mag er sich schon gar nicht. Als ich Hans Sobotka nach seiner Koch-Biografie fragte, drückte er mir einen 19-Zeilen-Text in die Hand. „Da steht alles drin." Doch irgendwann kamen wir über das 19-Zeilen-Stadium hinaus. Halb zog ich ihn, halb sank er hin. Ich wage zu behaupten: So viel haben Sie über Hans Sobotkas Leben noch nie erfahren!

Hans Sobotkas Sonder-Quellen für Glacial-Salat, Roten Mangold, Mizuna oder 15 Jahre alten Balsamico mögen wunderbar sein, doch mir so unerreichbar wie die Quellen des Ganges. Immerhin – so beruhigte mich der Hans – dürfe ich auch andere Wildkräuter verwenden. Zum Beispiel das, was auf meinem Münchner Viktualienmarkt wächst. Der Thunfisch müsse aber Sushi-Qualität haben, da gibt's nix!

Hans Sobotka

Riviera-Salat mit Thunfisch

4 Scheiben Thunfisch (à 80 g)
natives Olivenöl extra
Salz, frisch gemahlener Pfeffer
2 kleine Artischocken
etwas Zitronensaft
2 hart gekochte Eier
2 Hand voll bunt gemischte Salatblätter
2 Tomaten, enthäutet und entkernt
1 Frühlingszwiebel
4 Sardellen (in Öl eingelegt)
8 schwarze Oliven, entkernt
1 Hand voll Basilikumblätter
grobes Meersalz
grob gestoßener Pfeffer
natives Olivenöl extra
2–3 EL Balsamico-Essig

Für 4 Personen als Vorspeise

Die Thunfischscheiben mit Olivenöl bepinseln, mit Salz und Pfeffer würzen und in einer beschichteten Pfanne auf beiden Seiten kurz anbraten.

Von den Artischocken die harten äußeren Blätter und das „Heu“ im Inneren entfernen. Die Artischocken in dünne Scheiben schneiden und sofort in einer Mischung aus Olivenöl und Zitronensaft wenden.

Die Eier schälen und in Scheiben schneiden. Die Salatblätter waschen und trockenschleudern. Die Tomatenfilets in Spalten schneiden. Die Frühlingszwiebel putzen, waschen und in Scheiben schneiden. Die Salatblätter auf vier Tellern anrichten und mit den Tomaten, den marinierten Artischocken, den Ei- und Zwiebelscheiben, den Sardellen, den Oliven und den gewaschenen Basilikumblättern belegen.

Den Salat mit Meersalz und Pfeffer bestreuen, mit Olivenöl und etwas Balsamico-Essig beträufeln. Zum Schluss den in dicke Scheiben geschnittenen Thunfisch auf dem Salat anrichten.

Hans Sobotka

Seezunge mit Limette und Passepiere, Fregola mit Oktopus

2 Seezungen (à 600–800 g)
400 g Herzmuscheln
2 Schalotten
1/2 Fenchelknolle
1 Thymianzweig
4 EL Olivenöl
80 ml Noilly Prat
80 ml Weißwein
2 Limetten
4 Tomaten
80 g Passepiere-Algen (Queller)
Salz
250 ml Fischfond
60 g kalte Butter
125 g geschlagene Sahne
frisch gemahlener Pfeffer
Für die Fregola:
1 Schalotte
2 EL Olivenöl
300 g Fregola
60 g gekochter Oktopus
einige Safranfäden
100 ml trockener Weißwein
500 ml Geflügelfond
Salz, frisch gemahlener Pfeffer

Für 4 Personen als Hauptgericht

Die Seezungen am besten gleich vom Fischhändler filetieren lassen. Die Herzmuscheln gründlich waschen und gut abtropfen lassen. Die Schalotten schälen und in Würfel schneiden. Den Fenchel putzen, waschen, klein schneiden und mit dem gewaschenen Thymianzweig in 2 EL Olivenöl andünsten. Die Herzmuscheln hinzufügen, mit Noilly Prat und Weißwein ablöschen, aufkochen und wenige Minuten ziehen lassen.

Die Limetten so dick schälen, dass die weiße Haut völlig entfernt ist und die Fruchtfilets auslösen. Die Tomaten kurz blanchieren, häuten, halbieren, entkernen und das Fruchtfleisch in Rauten schneiden. Die Passepiere-Algen kurz in kochendem Salzwasser blanchieren. Die Herzmuscheln in ein Sieb abgießen, den Sud dabei auffangen.

Für die Fregola die Schalotte schälen, in kleine Würfel schneiden und in Olivenöl andünsten. Die Fregola, den Oktopus und die Safranfäden dazugeben und mit Weißwein ablöschen. Nach und nach unter ständigem Rühren den Geflügelfond dazugießen und garen, bis die Fregola bissfest (ähnlich einem Risotto) ist. Zum Schluss mit Salz und Pfeffer abschmecken.

Das restliche Olivenöl in einer beschichteten Pfanne erhitzen und die Seezungenfilets darin kurz auf beiden Seiten anbraten. Die Herzmuscheln in wenig Kochsud erhitzen. Den restlichen Sud mit dem Fischfond aufgießen und auf zwei Drittel einkochen lassen. 40 g Butter in kleinen Stücken unterschlagen, die Sahne hinzufügen, mit Pfeffer würzen und die Sauce mit dem Stabmixer aufschäumen.

Die Seezungenfilets mit den Herzmuscheln auf vier vorgewärmten Tellern verteilen. Die Fregola mithilfe eines Metallrings auf den Tellern anrichten. Die Limettenfilets, die Tomaten und die Passepiere-Algen in der übrigen Butter schwenken und um die Filets und die Muscheln arrangieren. Mit der aufgeschäumten Sauce beträufeln.

SO WIRD'S GUT!

Fregola sind eine sardische Spezialität: klassisch handgearbeitete, ofengeröstete Pasta-Kügelchen, die gerne in Suppen oder zu Tomatensaucen mit Salsiccia serviert werden. Und natürlich passen sie ausgezeichnet zu Fischgerichten.

Die Süße der sautierten Melone, die Schärfe der Chorizo-Essenz, die Würze des Fencheleis – eine Dimension – gepaart mit knackigen Kaisergranaten! „Spanisch ist trendy“, bekennt Sobotka, das Gericht „laufe wahnsinnig gut, das sind geschmeckte Urlaubserinnerungen.“ Und ich füge hinzu: Das sind mediterrane Erfahrungen auf einem Niveau, das ein Urlaubsrestaurant nur selten ermöglicht.

Hans Sobotka

Kaisergranate mit sautierter Melone, Chorizo-Essenz und Fencheleis

Für das Fencheleis:
100 ml Englische Creme (siehe Seite 188)
45 g Naturjoghurt
3 frische Fenchelstängel (von der Knolle)
Für die Kaisergranate:
8 mittelgroße Kaisergranate (Scampi)
4 EL mildes natives Olivenöl extra
(z. B. Arbequina)
Außerdem:
1 kleine Honigmelone
1–2 EL geschmacksneutrales Öl
50 g Chorizo-Wurst
50 g Iberico-Schinken
2 EL natives Olivenöl extra
abgeriebene Schale von 1 unbehandelten Zitrone
20 g Zucker
20 ml Wasser

Für 4 Personen als Vorspeise

Für das Fencheleis die Englische Creme mit dem Joghurt und den gewaschenen und klein geschnittenen Fenchelblättern im Mixer fein pürieren. Die Masse in eine Eismaschine füllen und gefrieren lassen.

Die Kaisergranate schälen und von jedem Tier den Kopf sowie den Darm entfernen. Die Kaisergranate waschen und im Olivenöl kurz anbraten.

Die Melone halbieren und die Kerne mit einem Löffel entfernen. Das Fruchtfleisch auslösen, in Spalten schneiden und in wenig Öl kurz sautieren.

Die Chorizo und den Iberico-Schinken in winzig kleine Würfel schneiden und im restlichen Olivenöl etwa 30 Minuten bei kleiner Hitze (etwa 55 °C) sanft kochen lassen. Die Zitronenschale mit dem Zucker und dem Wasser 10 Minuten kochen.

Die gedünsteten Melonenspalten auf vier Tellern anrichten, jeweils 2 Kaisergranate darauflegen, mit der Chorizo-Schinken-Öl-Mischung beträufeln und mit der gegarten Zitronenschale bestreuen. Aus dem Fencheleis Kugeln formen und getrennt dazu servieren.

WEINEMPFEHLUNG

Die Sommelière rät den Gästen zu einem Riesling, der die Saftigkeit der Melone unterstützt und dessen feine Mineralik die Nussigkeit der Krustentiere untermalt. Der Schwarzhofberger Riesling Kabinett 2002 von Egon Müller (Mosel-Saar-Ruwer), ist kräftig genug, um der intensiven Sauce standzuhalten. Seine angenehme weiche Säure ist wunderbar erfrischend.

Hans Sobotka

Rascasse in Gewürzöl mit Tintenfischsauce und knusprigen Kartoffelgnocchi

4 Rascasse-Filets (Großer Roter Drachenkopf; à 150 g)
4 EL Gewürzöl (siehe Seite 188)
etwa 250 g grobes Meersalz

Für die Sauce:
100 g Tintenfischtuben
2 Knoblauchzehen
3 EL Olivenöl
1/2 TL Espelette-Paprika (ersatzweise scharfe Paprikaflocken)
5 Safranfäden
1 kleines Sardellenfilet
Schale von 1 unbehandelten Orange, fein geschnitten
3 Majoranstängel
500 ml Geflügelbrühe
120 ml Orangensaft, frisch gepresst
Salz, frisch gemahlener Pfeffer

Für die Gnocchi:
500 g mehlig kochende Kartoffeln, gekocht
1 kleines Ei
100 g Mehl
frisch geriebene Muskatnuss
Salz, frisch gemahlener Pfeffer
Olivenöl zum Braten
kurz gebratene Steinpilze nach Belieben

Für 4 Personen als Hauptgericht

Die Rascasse-Filets mit Gewürzöl bepinseln und kalt stellen.

Für die Sauce die Tintenfischtuben fein hacken. Den Knoblauch schälen, fein hacken und mit dem Tintenfisch in Olivenöl andünsten. Den Paprika, Safran, das Sardellenfilet, die Orangenschale und den gewaschenen und grob gehackten Majoran unterrühren und kurz mit anbraten. Mit Geflügelbrühe und Orangensaft aufgießen und 20 Minuten ohne Deckel bei kleiner Hitze kochen lassen. Anschließend die Sauce im Mixer fein pürieren, durch ein Sieb streichen und mit Salz und Pfeffer abschmecken.

Für die Gnocchi die Kartoffeln pellen, durch die Kartoffelpresse drücken und mit dem Ei und dem Mehl zu einem glatten, formbaren Teig verkneten. Mit Muskatnuss, Salz und Pfeffer abschmecken. Den Teig auf einer bemehlten Arbeitsfläche zu zwei Rollen mit 2 cm Durchmesser formen. Die Rollen in 3 cm lange Stücke schneiden und jedes Stück mit einer Gabel von beiden Seiten flach drücken. Den Backofen auf 220 °C vorheizen.

Die Gnocchi in kochendem Salzwasser garen, bis sie nach oben steigen. Mit einem Schaumlöffel herausheben, gut abtropfen lassen und bis zur Weiterverarbeitung in kaltes Wasser legen.

Ein Backblech dick mit grobem Meersalz bestreuen. Die marinierten Fischfilets darauflegen und im heißen Ofen in 5 bis 6 Minuten goldbraun braten.

Wenig Olivenöl in einer beschichteten Pfanne erhitzen und die Gnocchi rundherum knusprig braten.

Die Sauce wieder erhitzen, kurz mit dem Stabmixer aufschäumen und auf vier vorgewärmte Teller jeweils einen Spiegel gießen. Die Rascasse-Filets und die Gnocchi darauf anrichten. Nach Belieben mit kurz gebratenen Steinpilzen servieren.

WEINEMPFEHLUNG

Dazu ist ein Chardonnay perfekt, etwa der Chardonnay Collezione di Marchi vom Weingut Isole e Olena in der Toskana. Der nach weißen Blüten duftende Wein hat Kraft und Schmelz und vor allem auch Finesse, um das mediterrane Gericht mit der aromatischen Tintenfischsauce harmonisch zu begleiten. Dank seiner zarten, gut eingebundenen Säure ist er der reinste Gaumenschmeichler.

Hans Sobotka

Hummer mit Kohlrabi süßsauer

1 Bund Suppengrün (Lauch, Sellerie, Möhre)
1 Lorbeerblatt
Pfefferkörner, Salz
2 Hummer (à 600–800 g)
4 junge Kohlrabi
250 ml Fischfond
10 g geriebener Ingwer
Saft von 2 Limetten
1 TL Honig
1 EL Champagneressig
1 cl Traubenkernöl
frisch gemahlener Pfeffer
1 Prise Zucker
1/2 TL Rosmarin, fein gehackt
1 Hand voll Salatblätter der Saison (Frisée, Löwenzahn, Glacial, Spinat, roter Mangold usw.)
etwas Vinaigrette (aus Weißweinessig, Salz, frisch gemahlenem Pfeffer, nativem Olivenöl extra)

Für 4 Personen als Hauptgericht

Das gewaschene und klein geschnittene Suppengrün mit dem Lorbeerblatt und einigen Pfefferkörnern in einen großen Topf geben, mit reichlich Wasser begießen, salzen und zum Kochen bringen. Die 2 Hummer mit dem Kopf voran in das kochende Wasser geben und 6 Minuten bei kleiner Hitze ziehen lassen. Die Hummer herausnehmen und in eisgekühltem Wasser abschrecken. Die Schalen aufbrechen und das Fleisch herauslösen. Die Scheren mit einer Zange öffnen und das Fleisch ebenfalls auslösen.

Die Kohlrabi putzen, waschen, schälen und die Abschnitte beiseite legen. Die Kohlrabi quer in hauchdünne Scheiben schneiden, in kochendem Salzwasser blanchieren und in Eiswasser abschrecken.

Den Fischfond mit den Kohlrabiabschnitten zum Kochen bringen und Ingwer, Limettensaft, Honig und Champagneressig hinzufügen. Die Flüssigkeit auf die Hälfte einkochen lassen. Den Fond durch ein feines Sieb abgießen und mit dem Stabmixer das Traubenkernöl unterschlagen. Mit Pfeffer, Salz und Zucker abschmecken.

Das Hummerfleisch in Stücke schneiden, mit den Kohlrabischeiben zu Türmchen schichten und mit dem lauwarmen Fond übergießen. Mit Rosmarin bestreuen und mit marinierten Salaten der Saison umkränzen.

SO WIRD'S GUT!

Das Besondere an Hans Sobotkas Küche ist, dass er im Unterschied zu vielen Kollegen mit relativ wenig Produkten unvergessliche Geschmackserlebnisse zaubert, zum Beispiel dieses Gericht hier. Es lebt von der Qualität der verwendeten Produkte, also frischem Hummer und erntefrischen Kohlrabi – bloß keine Treibhausware! Feiner Champagneressig und zartes Traubenkernöl runden die edlen Aromen perfekt ab.

2 Auberginen
Salz
etwa 100 ml natives Olivenöl extra
frisch gemahlener Pfeffer
3 Tomaten
150 g Branzino-Filet (Wolfsbarschfilet)
etwas Zitronensaft
Für den Risotto:
300 g Risotto-Reis (Vialone Nano)
etwa 500 m l heiße Fleischbrühe
100 g Basilikumblätter
50 ml natives Olivenöl extra
30 g Butter
etwa 50 g Parmesan, frisch gerieben

Für 4 Personen als Zwischengericht

Hans Sobotka

Basilikum-Risotto mit Nocken von Branzino, Tomaten und Auberginen

Den Backofen auf 200 °C vorheizen. Die Auberginen halbieren, die Schnittflächen salzen und mit jeweils 1 TL Olivenöl beträufeln. Die Auberginen im heißen Ofen in etwa 30 Minuten weich garen. Dann das Fruchtfleisch aus den Schalen lösen und im Mixer mit 3 bis 4 EL Olivenöl cremig pürieren. Mit Salz und Pfeffer abschmecken.

Die Tomaten blanchieren, häuten, halbieren und entkernen. Das Fruchtfleisch in kleine Würfel schneiden, salzen, in ein Sieb geben und gut abtropfen lassen.

Das Fischfilet mit einem großen Messer fein hacken und mit etwas Olivenöl, Zitronensaft, Salz und Pfeffer abschmecken.

Den Reis in einem Topf trocken rösten, bis er glasig wird. Etwas Brühe dazugießen und einkochen lassen. Nach und nach unter ständigem Rühren die restliche Brühe hinzugießen und köcheln lassen, bis der Reis weich, aber noch bissfest ist.

Die gewaschenen Basilikumblätter mit dem Olivenöl im Mixer zu einer glatten Creme pürieren. Das Basilikumpüree mit der Butter und dem Parmesan unter den Risotto ziehen. Den Risotto mit Salz und Pfeffer abschmecken und kurz ziehen lassen.

Den Risotto auf vier Teller verteilen und mit je einer Nocke Branzino-Tatar, Tomatenwürfeln und Auberginenpüree anrichten.

SO WIRD'S GUT!

Der Basilikum-Risotto ist ohne die Beigaben ein köstlicher Begleiter zu gegrilltem Fisch, kurz gebratener Hähnchenbrust oder Kaninchenfilet.

Hans Sobotka

Reh-Tortelli auf Ziegenkäsesauce mit Spinat und Sommertrüffel

Für den Nudelteig:
300 g Mehl (Type 00; ersatzweise Type 405)
3 Eier
Salz
etwas Wasser

Für die Füllung:
300 g Rehfleisch
2 junge Lauchstangen
2 EL Olivenöl
1 Rosmarinzweig
80 g Ricotta
20 g Parmesan, frisch gerieben
1 Eigelb
1 Ei
Salz, frisch gemahlener Pfeffer
frisch geriebene Muskatnuss
40 g Butter

Für die Sauce:
200 g Ziegenmilchquark
50 g Ziegenfrischkäse (mit Thymian gewürzt)
100 g Sahne
20 g Butter
Salz, frisch gemahlener Pfeffer

Für die Beilage:
100 g zarte Spinatblätter
10 g Butter
30 g Sultaninen
Salz
etwa 150 g Sommertrüffel, geputzt
50 g Pistazien, gehackt
etwas Trüffelfond

Für 4 Personen als Hauptgericht

Das Mehl mit den Eiern, Salz und etwas Wasser zu einem glatten Nudelteig verkneten und mit Frischhaltefolie umhüllt mindestens 30 Minuten ruhen lassen.

Für die Füllung das Rehfleisch in kleine Würfel schneiden. Den Lauch putzen, waschen und in dünne Scheiben schneiden. Beides in erhitztem Olivenöl andünsten, den gewaschenen Rosmarinzweig dazugeben und das Fleisch zugedeckt weich schmoren. Die Pfanne von der Kochstelle nehmen und den Rosmarinzweig entfernen. Das abgekühlte Fleisch mit den restlichen Zutaten im Mixer fein pürieren und durch ein Sieb streichen.

Den Nudelteig auf der bemehlten Arbeitsfläche möglichst dünn ausrollen und in 4 cm große Quadrate schneiden. Die Füllung mit einem kleinen Löffel auf die Teigquadrate setzen und diese zu einem Dreieck zusammenklappen. Die Ränder mit den Fingern gut andrücken. Kurz antrocknen lassen.

In der Zwischenzeit für die Sauce den Ziegenmilchquark und Ziegenkäse mit der Sahne und der Butter in einer Sauteuse unter Rühren schmelzen lassen. Mit Salz und Pfeffer würzen und die Sauce durch ein Sieb streichen.

Den Spinat verlesen, waschen und gut abtropfen lassen. Anschließend in der aufgeschäumten Butter schwenken und die Sultaninen hinzufügen. Den Spinat mit Salz würzen. 50 g Sommertrüffel in kleine Würfel schneiden.

Den Backofengrill vorheizen. Die Tortelli in kochendem Salzwasser in wenigen Minuten bissfest kochen. Die Käsesauce auf vier Teller verteilen und unter dem heißen Grill kurz gratinieren. Die Tortelli und den Spinat auf der Sauce anrichten und mit den Trüffelwürfeln und den Pistazien bestreuen. Mit Trüffelfond beträufeln und die restliche Sommertrüffel darüberhobeln.

SO WIRD'S GUT!

Wichtig ist, dass man dem Nudelteig vor dem Weiterverarbeiten eine kurze Entspannungsphase gönnt, dann lässt er sich leichter ausrollen.

Hans Sobotka

Ganache von Valrhona-Schokolade mit rosa Pfeffereis und Brombeer-Balsamico-Kompott

Für das rosa Pfeffereis:
250 ml Milch
250 g Sahne
40 g Zucker
5 Eigelb
10 g rosa Pfefferbeeren
Für das Brombeer-Balsamico-Kompott:
40 g Zucker
20 g Butter
650 g Brombeeren
100 ml roter Portwein
40 ml Balsamico-Essig
Für die Ganache:
200 g Valrhona-Kuvertüre (70 % Kakao)
200 g Butter
200 g Zucker
4 Eier
6 g Backpulver
Außerdem:
Butter für die Förmchen

Für 6–8 Personen

Die Milch mit der Sahne und dem Zucker zum Kochen bringen. Die Eigelbe mit einem Schneebesen verrühren und unter die heiße Masse schlagen, bis die Masse cremig ist. Die Eigelbsahne durch ein feines Sieb streichen und abkühlen lassen. Die rosa Pfefferbeeren in der Gewürzmühle mahlen und unter die Eigelbsahne rühren. Die Masse in die Eismaschine füllen und gefrieren lassen.

Für das Kompott den Zucker mit der Butter karamellisieren lassen. 250 g gewaschene Brombeeren dazugeben, durchschwenken und mit dem Portwein und dem Balsamico-Essig ablöschen. Die Brombeeren einmal aufkochen lassen und mit dem Stabmixer fein pürieren. Die übrigen gewaschenen Brombeeren untermischen und durchziehen lassen.

Den Backofen auf 165 °C vorheizen. Die Valrhona-Kuvertüre in Stücke schneiden und gemeinsam mit der klein geschnittenen Butter bei kleiner Hitze schmelzen lassen. Nach und nach den Zucker und die verquirlten Eier unterrühren. Das Backpulver sieben und ebenfalls unter die Masse ziehen. Den Teig in sechs bis acht gefettete Souffléförmchen bis 2 Fingerbreit unter den Rand füllen. Die Ganache im heißen Backofen etwa 15 Minuten backen.

Das rosa Pfeffereis zu Nocken formen und wie das abgekühlte Brombeer-Balsamico-Kompott in kleinen Schälchen anrichten. Die Ganache in den Förmchen dazu reichen.

SO WIRD'S GUT!

Das klingt zwar alles nach viel Arbeit, aber das Gute daran ist, dass man bis auf die Ganache alles schon am Tag vorher zubereiten kann. Es schmeckt aber auch jeder Dessertbestandteil für sich sehr lecker.

LE GAMIN
GAMIN
AMIN
MIN
VILLA BELROSE

Was man nicht sieht auf diesem Gute-Laune-Foto: Die Temperatur pendelte so um sieben Grad. Das bremste Thierry nicht im mindesten, in aller Ruhe die frischesten, die feinsten Artischocken aus den Kisten zu picken. Dass seine Hände sich dabei mit der Zeit bläulich verfärbten, spürte er nicht. Und dann flüsterte er mir ein Geheimnis zu: „Diese besonderen weißen Bohnen, die *Cocos Blancs*, die kaufe ich nicht hier. Die hole ich aus dem Hotel de Paris in Monte Carlo ..."

Foto Doppelseite 118/119: Blick auf St. Tropez.

Foto vorhergehende Doppelseite 120/121: Restaurant La Villa Belrose.

ZU GAST BEI THIERRY THIERCELIN IN DER VILLA BELROSE BEI ST. TROPEZ

„Komm doch in den Garten! Ich möchte, dass meine Rosen dich sehen!" (Richard Brinsley Sheridan)

It's just a dream – nur links und rechts ist es ein bisschen eng für diesen Rosentraum. Der Weg hinauf zur Villa Belrose hat eher einen dornigen als rosigen Charakter: schmal und unspektakulär. Man windet sich durch ein mäßig attraktives Wohngebiet empor – mein Gott, noch nicht mal eine Kiesauffahrt! –, um dann an einer hübschen Vorfahrt zu landen, doch irgendwie ist es immer noch so ... „normal". Rechts der hübsche Eingang, säulenumfasst, und links stößt die freudige Erwartung auf eine schnöde Mauer.

Wie raffiniert, diese Ouvertüre! Perfekt komponiert, um dann dem verwöhntesten Jetsetter ein kehliges „Wow!" zu entlocken, wenn er endlich durch die Empfangshalle an die weit geöffneten Flügeltüren tritt.

Keine Frage: Das ist ein klassischer „Million-Dollar-Blick". Ein Herzöffner-Panorama Richtung Süden. Jetzt wäre ein Kniefall angemessen vor dieser Leichtigkeit des Seins, die sich spiegelt in einem tiefen, harmonischen Knicks der provenzalischen Landschaft vor dem feinen Schwung der Bucht von St. Tropez. Herrlich, wie das selbstbewusste Geldadel-Dörfchen zur perfekten Kulisse degradiert wird! Die Sache ist klar: Die Belrose-Kaskade von Treppen und Terrassen, samt 200-Quadratmeter-Pool, liegt nicht nur in Höhenmetern gemessen weit über den angesagten Hot Spots des noblen Städtchens.

Auf diesem Weinberg möchte ich Rebe gewesen sein! Schwerer, guter Rotwein wuchs hier, das Weingut gibt's immer noch: Château Bertrand Belieu. Mitte des letzten Jahrhunderts wäre ich als Rebe allerdings schändlich abgeholzt worden. Zu spektakulär war die Sicht von diesem Hügel auf den boomenden Millionärs-Magneten dort unten, auf St. Tropez. Ein Fenster der Gelegenheiten tat sich auf. Die Behörden genehmigten zwei unauffällige Chambre-d'Hôtes-Hotels. Der Rest des Hügels wurde zum Wohngebiet. Erst in den 90er-Jahren sind diese kleinen Hotels der Villa Belrose gewichen. Ihr jugendliches Alter versteckt die Hotelanlage geschickt. Der Stilmix aus florentinischer Villa, englischem Landhaus und Louis XV. gibt dem Haus eine unangestrengte Zeitlosigkeit, die nichts anderes sein will als ein Teppich fürs Wohlgefühl und eine Plattform fürs Schauen. Jedes Zimmer hat seine eigene Terrasse: ein Adlerhorst von einer wunderbar altmodischen Art – Sommerfrische in Azurblau.

Nächtliches Dinieren auf der Restaurant-Terrasse rangiert ganz oben in den Charts meiner persönlichen Glücksmomente, und Thierry Thiercelin ist daran nicht ganz unbeteiligt.

Sie hat den Charme eines Mauerblümchens: unerotisch, stachelig, mehr als unbequem zu erobern. Und sie gehört für mich zum Heißesten, was die Gemüseküche zu bieten hat: die Artischocke. Dass sie nach den jüngsten Erkenntnissen der Anti-Aging-Experten durchaus nicht vom Tellerrand zu weisen ist, das lasse ich jetzt mal außen vor. Nein, die Artischocke an und für sich, in ihrer selbstbewussten Unentschiedenheit zwischen Weichheit und herber Raffinesse, ist für meinen Gaumen die Katherine Hepburn der Haute Cuisine.

Thierry hat in der Villa Belrose am 1. März 1998 als Küchenchef angefangen und sich vier Jahre später den ersten Michelin-Stern erkocht. 16 Punkte bei Gault Millau kamen dazu.

Dieser Mann hatte bei mir von vornherein einen Stein im Brett. Seine bodenständige und dennoch raffinierte provenzalische Küche, leicht und kalorienarm, mit dem Schwerpunkt auf Gemüse – das ist genau mein Fall, damit rennt er bei mir kulinarische Türen ein. Ich begleitete Thierry beim Einkauf seines wichtigsten Rohstoffs, dem Gemüse. Bloß kein romantisches Foto auf dem pittoresken Markt von St. Tropez! Thierry handelt exakt so, wie er kocht – authentisch. Er besteht darauf, zu Jacques zu fahren, dessen Laden den Charme einer Garage hat. Unter dem Namen „Les Primeurs du Golfe" offeriert er ein kleines, sehr feines Angebot. Und dieser Name ist weder Schall noch Rauch: „Das Beste aus der Region des Golfs von St. Tropez", ausschließlich von Landwirten geliefert, die nach traditionellen Methoden anbauen.

Bei Jacques taut der eher schüchterne Kochkünstler plötzlich auf: vier Sorten hervorragender Artischocken! Oh ja, er würde mir sein Artischocken-Tatar zeigen. Sehr gerne, ich liebe Artischocken. Nicht unbedingt Tatar.

Oha! Da zeigte sich schnell, dass die raffiniert-einfache provenzalische Küche à la Thierry Thiercelin eher raffiniert als einfach ist. Allein schon das Gemüse-Tatar herzustellen, überfordert meine Geduld bei weitem: Da werden die verschiedenen Gemüse natürlich nicht in der Maschine püriert, nein: Thierry möchte die einzelnen Bestandteile des Gemüse-Potpourris geschmacklich identifizieren. Also wird alles in Miniaturblättchen geschnippelt. Thierrys Schnippel-Geschwindigkeit ist faszinierend. Ich dagegen würde für die Vorbereitung dieser Vorspeise den gesamten Vormittag verplempern. Und weil er das Gemüse „al dente" haben möchte, lässt er es in Eiswasser baden. Dass es sich bei diesem Gericht um ein klassisches Tatar handelt, bei dem das rohe Fleisch durch rohes Gemüse ersetzt wird, wurde mir klar, als Thierry begann, Eigelb zu schlagen. Jetzt fehlte noch die Artischocke. Nach einer engelsgeduldigen Einweisung: „Das Messer kurz unterhalb der Spitze an der Klinge greifen, direkt an der Basis der Artischocken-Schuppen mit etwa 45 Grad ansetzen und dann – immer auf der Höhe der Schuppen bleibend – rundum schälen wie einen Apfel." Geht doch!

Weitere Sympathiepunkte erhielt Thierry, als er mir seinen Indoor-Kräutergarten zeigte: Auf einem Teewagen adrett arrangiert, sprossen in kleinen Töpfen Bohnenkraut, Eisenkraut, Thymian, Rosmarin, Ysop und Bergamotte. Diese Bepflanzung ist jedoch nicht für die Küche bestimmt: Man offeriert die Kräuter als After-Dinner-Tea.

Nachdem ich mich also auf dieses Kochabenteuer eingelassen hatte, wollte ich natürlich erstmal aus diesem freundlich-zurückhaltenden Menschen herausbekommen, wie er wurde, was er ist: Ein bekennender Purist der traditionellen südfranzösischen Küche, der Kräuter liebt und von sich behauptet: „Meine Küche ist mein Herz, meine Wurzel!" Die Wurzel: Seine Mutter, eine in Vietnam geborene Französin, hat ihren Sohn mit Freude vietnamesisch bekocht. Thierry kam in St. Raphael zur Welt, 45 Kilometer von seinem heutigen Arbeitsplatz entfernt. Doch zwischen St. Raphael und St. Tropez liegen einige zehntausend Kilometer Koch-Biografie.

Sorgfalt, Perfektion und – Hingabe: das sind die drei Koordinaten der hohen Kochkunst des Thierry Thiercelin. Und Hingabe, dieses vielleicht etwas altertümliche Wort, habe ich sehr bewusst gewählt. Ihm schien es am Herzen zu liegen, seinen Respekt vor dem, was uns die Erde an Wunderbarem schenkt, auszudrücken. So wurde mein Besuch in Thierrys Küche zu einer Begegnung der etwas anderen Art. Vielleicht eine leichte, spielerisch angedeutete Verbeugung mit hintergründiger Bewunderung dessen, was die Tradition der Kochkunst im Einvernehmen mit der Raffinesse der Schöpfung hervorzubringen vermag. Das sind große Worte – und sie sind ernst gemeint.

Zur Villa Belrose kam Thierry Thiercelin auf allerbeste Empfehlung, nämlich von Alain Ducasse aus Monte Carlo, der sein Talent sofort erkannt hatte.
So begnadet seine Kochkunst auch ist, Thierry verabscheut allzu übersichtliche Teller. Er will, dass seine Gäste satt werden! Und mit drei Gängen ist man das bei ihm auch. Adieu, Nouvelle Cuisine, der ich zumindest nicht nachtrauere. Aber ich frage mich, wie schafft es ein Koch über mehr als zwei allerfeinste Jahrzehnte in der Küche so schlank zu bleiben: „Ich esse gerne, aber vernünftig. Tagsüber gibt es im Sommer nur Obst und natürlich verkoste ich alle meine Gerichte." Außerdem arbeitet er, wie alle seine Kollegen, von neun Uhr früh bis Mitternacht, zwei Stunden Siesta inklusive, fünf bis sieben Tage die Woche, je nach Saison. Und Alkohol? Für Thierry gilt: während der Arbeit – nein, danke! Um Gottes Willen, hat er denn gar kein Laster? Ungemütlich kann er werden, wenn es in der Küche nicht so klappt, wie er es will. Dieser so freundliche, ausgeglichene Mensch kann zum Küchenschreck werden, zum Rumpelstilzchen mit Kelle! „Qualität erfordert Führung. Ich muss immer wieder mal ein bisschen militärisch werden – aber meist bin ich doch noch zu freundlich."
Wer also zum „Dankesagen" in die Küche gehen möchte, fragt vorher besser nach, ob die Luft rein ist. Und ich bin mir sicher, dass dieses Dankesagen vielen Gästen ein tiefes Bedürfnis sein wird.
Die einfache südfranzösische Küche mit dem Frische-Kick hatte Thierry schon in St. Raphael für sich entdeckt. Schuld daran war ein nicht vorhandener Motorroller. Thierry wollte im zarten Alter von 15 Jahren unbedingt so einen haben. Also begann er in einem Restaurant auszuhelfen, bei einer 73-jährigen *Mamie*, von der er noch heute begeistert schwärmt. Ihre Leidenschaft für simple, frische Gerichte hat ihn dauerhaft infiziert.
Seine Kochlehre machte er dann bei so großen Namen wie Bernard Loiseau (Beaulieu, 3 Michelin-Sterne) und Jacques Maximin (Hotel Negresco, Nizza, 2 Michelin-Sterne) – verrückte, oder besser gesagt, einige der berühmtesten Küchenchefs der 80er-Jahre.
Thierry war 22, als er in Nizza selbst Küchenchef wurde: Er kaufte gemeinsam mit seiner Frau ein Restaurant. Doch die Liebe schien sich mit dem Küchendampf, zwischen Kochlöffel und Tellerrand, irgendwie verflüchtigt zu haben. Deshalb floh Thierry auf eine große Reise in die Haute Cuisine: Zunächst als Küchenchef ins Schlossrestaurant L' Abbaye de Pomier nahe Genf, dann eröffnete er 1992 das berühmte Le Toiny auf St. Barthélemy in der Karibik. Doch wer hätte das gedacht: Manchmal wird auch in der Liebe alles gut. Als Thierry auf der Insel Besuch bekam von seiner geschiedenen Frau, verliebten sich die beiden neu, heirateten wieder, bekamen drei Kinder – und sind bis heute glücklich und zurück im Golf von St. Tropez.
Thierry Thiercelin hat ein Lebensmotto, das Bände spricht: „Ich habe allergrößten Respekt vor den Küchenchefs früherer Generationen. Sie haben die Gastronomie auf diesen Qualitätsstandard gebracht, der es mir nun ermöglicht, meinen Beruf auf dem hohen Niveau auszuüben. Ebensoviel Respekt empfinde ich vor den Hausfrauen, die ohne Hilfskräfte und professionelle Arbeitsgeräte beeindruckende Köstlichkeiten zubereiten." Chapeau, mesdames!

Thierry Thiercelin

Gemüsetatar mit Artischockensalat auf gebratenen Teigblättern

Superlecker schmecken die mit Olivenöl und Zitrone marinierten Artischockenscheiben. Wichtig ist aber das sorgfältige Putzen. Bei Artischocken ist es wie mit Spargel: Wer zu sparsam schält, hat nur den halben Genuss. Leider ist die Saison für diese kleinen Artischocken, die man so gut roh essen kann, nur kurz.

Für das Tatar:
je 100 g Möhren, Zucchini, Rettich, Gurken und Tomaten
2 Cornichons
1 Schalotte
1/2 Bund Petersilie oder gemischte Frühlingskräuter
1 Eigelb
etwas Worcestersauce
1 EL Ketchup
1 TL Dijon-Senf
1 EL Balsamico-Essig
1 EL Olivenöl
Salz, frisch gemahlener Pfeffer
Für den Artischockensalat:
2 violette Artischocken
Saft von 1 Zitrone
2–3 EL natives Olivenöl extra
Salz
Für die Teigblätter:
125 g Hartweizengrieß
1 großes Ei
Salz
25 ml Olivenöl
60 g Mehl
geschmacksneutrales Öl zum Braten

Für 4 Personen als Vorspeise

Die Gemüse putzen, waschen und auf der Brotschneidemaschine in feine Scheiben schneiden. Die Gemüsescheiben bis auf die Tomaten etwa 1 Stunde in Eiswasser legen.

Für die Sauce die Cornichons, die geschälte Schalotte und die gewaschene Petersilie oder die gemischten Kräuter fein hacken. Das Eigelb verrühren und nach und nach etwas Worcestersauce, Ketchup, Senf, Essig, Olivenöl, Cornichons, Schalotten und Kräuter unterrühren.

Die Artischocken waschen und wie einen Apfel von unten nach oben schälen, so dass nur noch das Herz übrig bleibt. Sofort in eine Schüssel mit Zitronenwasser legen, damit sie sich nicht braun verfärben.

Für die Teigblätter den Grieß in eine Schüssel geben, das Ei und Salz hinzufügen und das Olivenöl unterrühren. Anschließend das Mehl dazugeben und mit etwas Wasser zu einem formbaren Teig verkneten. Kurz ruhen lassen, dann dünn ausrollen und in zwölf 10 cm große Quadrate schneiden. Eine Grillpfanne mit Öl auspinseln, ein Quadrat hineinlegen und unter mehrmaligem Wenden braten. Auf diese Weise alle zwölf Teigblätter zubereiten.

Das Gemüse aus dem Eiswasser nehmen und gut abtrocknen. Das Gemüse und die Tomaten mit einem großen Messer grob hacken und unter die vorbereitete Sauce mischen. Mit Salz und Pfeffer würzig abschmecken.

Die Artischocken aus dem Zitronenwasser nehmen, mit einem Küchentuch abtrocknen und auf einem Gemüsehobel fein schneiden. Die Artischockenscheiben mit dem Olivenöl vermischen, salzen und mit etwas Zitronensaft abschmecken.

Die Teigblätter jeweils auf einen Teller legen. Etwas Gemüsetatar daraufgeben und mit dem Löffelrücken leicht andrücken. Diesen Vorgang wiederholen. Mit einem Teigblatt abschließen und mit Artischockensalat bedecken.

SO WIRD'S GUT!

So schmeckt Tatar auch denjenigen, die gerne auf Fleisch verzichten. Begeisternd ist die Knackigkeit des Gemüses. „Das liegt natürlich an der Frische der Gemüsesorten, aber man kann diese Knackigkeit noch verstärken, wenn man die fein geschnittenen Gemüsestreifen kurze Zeit in Eiswasser legt", meint Thierry Thiercelin. Übrigens, die Gemüseauswahl ist keinesfalls zwingend. Entscheiden Sie sich immer für die Gemüsesorten der jeweiligen Saison – nur so wird das Tatar richtig aromatisch.

Früher das Take-away-Mittagessen provenzalischer Landarbeiter – heute verwendet Thierry dafür 15 Gemüsesorten sowie Früchte und Blüten. Das Brot lässt er von einem Bäcker in der Nähe nach altem Rezept backen. So dünn geschnitten und knusprig geröstet schmeckt es eher wie feines Knabbergebäck!

Thierry Thiercelin

Bunter Gemüsesalat zwischen zwei Brotscheiben

Für das gekochte Gemüse:
100 g Möhren
50 g Rettich
4 Stangen Spargel
50 g Knollensellerie
150 g Zucchini
50 g junge grüne Bohnen
100 g gekochte weiße Bohnen
Salz
Für das rohe Gemüse:
4 Cocktailtomaten
100 g Salatgurke
4 Stangen Spargel
100 g Radieschen
2 Stangen Sellerie
Für die Früchte:
1 Orange
1 Pfirsich
1 kleiner Apfel (am besten Granny Smith)
Außerdem:
8 große, sehr dünne Scheiben Roggenbrot
einige EL Pistou (siehe Seite 142)
50 g Knoblauchpüree (siehe Seite 188)
150 g Ofentomaten (siehe So wird's gut!)
50 ml natives Olivenöl extra
Saft von 1–2 Zitronen
Salz
1 hart gekochtes Ei, Eigelb und Eiweiß jeweils fein gehackt
50 g schwarze Oliven niçoise, entkernt
50 g eingelegte Sardellenfilets, fein gehackt
1 Bund Schnittlauch, fein geschnitten

Für 4 Personen als Hauptgericht

Die Möhren, den Rettich, Spargel und Knollensellerie putzen und schälen, die Zucchini putzen und waschen. Die grünen Bohnen waschen und die Enden abknipsen. Die Gemüse, bis auf die Bohnen, in Scheiben oder Streifen schneiden. Die Gemüsesorten nacheinander in kochendem Salzwasser bissfest garen und in Eiswasser abschrecken.

Die Cocktailtomaten waschen und halbieren. Die Salatgurke und den Spargel schälen und in feine Scheiben schneiden. Die Radieschen und Selleriestangen putzen, waschen und in feine Scheiben schneiden. Alles kalt stellen.

Die Orange so dick schälen, dass auch die weiße Haut entfernt ist, und das Fruchtfleisch in Segmenten herauslösen. Den Pfirsich kurz in kochendes Wasser tauchen, schälen, entkernen und in feine Spalten schneiden. Den Apfel waschen, ungeschält vierteln und entkernen. Die Viertel in feine Scheiben schneiden. Die Früchte vermischen und kalt stellen.

Die Brotscheiben entrinden und zwischen zwei Backblechen bei 80 °C in 15 Minuten knusprig rösten.

Auf vier große Teller jeweils 1 Brotscheibe legen, mit Pistou beträufeln und mit Knoblauchpüree bestreichen. Abwechselnd gekochtes Gemüse mit Bohnen, Ofentomaten, rohem Gemüse und Früchten auf die Brotscheiben schichten.

Das Olivenöl mit Zitronensaft und Salz verquirlen und über die Gemüse-Früchte-Mischung träufeln. Die übrigen Brotscheiben locker auf den Salat legen.

Die Teller mit dem gehackten Eigelb und Eiweiß, den in Stücke geschnittenen Oliven, den Sardellen und dem Schnittlauch garnieren.

SO WIRD'S GUT!

Für seine Ofentomaten blanchiert Thierry Thiercelin aromatische Tomaten, häutet, halbiert und entkernt sie. Dann lässt er sie mit etwas Olivenöl beträufelt auf einem Backblech 3 bis 4 Stunden bei 90 °C trocknen. Diese Tomaten mit ihrem wunderbar konzentrierten Aroma schmecken lauwarm oder kalt.

Die Ziegenkäsecreme in einem schicken Cocktailglas anzurichten ist wirklich eine tolle Idee. Und das Rezept ist so einfach, dass ich es sicherlich mal nachkoche. Und dann natürlich Pistou, das basilikumgeschwängerte Olivenöl! Es ist der absolute Hit. Thierry peppt damit viele Gerichte auf – ich werde es in Zukunft sicherlich auch tun.

Thierry Thiercelin

Ziegenkäse im Glas

20 Cocktailtomaten
Olivenöl zum Ausbacken
250 g Ziegenfrischkäse
4 EL geröstete Pinienkerne, grob gehackt
Salz, frisch gemahlener Pfeffer
8 Filoteig-Quadrate (etwa 12 x 12 cm)
geschmacksneutrales Öl zum Braten
4 EL Pistou (siehe Seite 142)

Für 4 Personen als Vorspeise

Die Cocktailtomaten waschen und kreuzförmig mit einem spitzen Messer einritzen. Reichlich Olivenöl in einer Fritteuse erhitzen und die Tomaten darin etwa 1 Minute frittieren. Anschließend auf Küchenpapier abtropfen lassen.

Den Ziegenfrischkäse glatt rühren und dabei die Pinienkerne hinzufügen. Mit Salz und Pfeffer würzen. 4 TL von der Masse abnehmen und kalt stellen.

Von den Filoteig-Quadraten acht Kreise mit 10 cm Durchmesser ausstechen. Den Ausstechring um ein Teigplätzchen legen und die Käsemasse einstreichen. Den Ring entfernen, die Käsemasse mit einem weiteren Teigkreis belegen und leicht andrücken. Auf diese Weise drei weitere Törtchen herstellen und alle in wenig erhitztem Öl auf beiden Seiten kurz braten.

Vier Cocktailgläser bereitstellen und jeweils 1 EL Pistou auf dem Boden verteilen. Die Törtchen darauflegen und mit den frittierten Tomaten und jeweils 1 TL der kühl gestellten Ziegenkäsecreme garnieren.

SO WIRD'S GUT!

Eine tolle Deko-Idee – nicht nur für diese Ziegenkäsetörtchen – sind die frittierten Cocktailtomaten. Man kann sie auch als kleine Beilage zu gegrilltem Fisch oder Fleisch reichen oder einfach nur auf kleine Baguettescheiben setzen und mit Pistou beträufeln. Geht ganz einfach, schmeckt gut und sieht zudem hübsch aus.

WEINEMPFEHLUNG

Zwei, die sich immer gut verstehen, sind Ziegenkäse und Sauvignon. Deshalb ist ein knackiger Sauvignon mit frischen Paprika- und Brennnesselnoten auch die perfekte Untermalung dieser raffinierten Vorspeise.

„Das Vorbereiten und getrennte Garen der Gemüsesorten ist ein wenig mühsam und aufwendig", erklärte mir der Meister, „aber es ist wichtig, da jedes Gemüse eine spezielle Garzeit hat. Und", so Monsieur Thiercelin weiter, „die Suppe schmeckt nur dann richtig fein, wenn die einzelnen Gemüse auf den Punkt gegart sind." Sie können aber auch weniger Gemüsesorten verwenden, dann geht's schneller und schmeckt trotzdem lecker.

Thierry Thiercelin

Aufgeschäumte Suppe mit Sommergemüse

150 g Möhren
1 kleiner Rettich
1 Minigurke
4 Spargelstangen
150 g frische weiße Bohnen
4 Zucchini
100 g Zuckerschoten
4 Cocktailtomaten
100 g Pfifferlinge
30 g Butter

Für die Tomateneinlage:

600 g Tomaten
150 g Schalotten
1 Knoblauchzehe
1 Thymianzweig
50 ml Olivenöl

Für die Aïoli:

1 kleine gekochte Kartoffel, geschält
50 g Knoblauchpüree (siehe Seite 188)
2 Eigelb
50 ml natives Olivenöl extra
50 ml geschmacksneutrales Öl

Außerdem:

natives Olivenöl extra
Zucchiniblüten zum Garnieren

Für 4 Personen

Die Möhren, den Rettich, die Gurke und die Spargelstangen putzen, waschen und schälen. Die Bohnen enthülsen. Alle Gemüseschalen in einen großen Topf geben, mit 3 l kaltem Wasser begießen und etwa 1 Stunde bei kleiner Hitze kochen lassen.

Das geschälte Gemüse sowie die geputzten und gewaschenen Zucchini und Zuckerschoten in mundgerechte Stücke schneiden und beiseite legen. Die Cocktailtomaten kurz blanchieren und häuten. Die geputzten Pfifferlinge halbieren oder vierteln und in der aufgeschäumten Butter braten lassen, bis die Flüssigkeit ganz verdampft ist.

Die Tomaten kurz blanchieren, häuten, halbieren, entkernen und in Stücke schneiden. Die Schalotten und die Knoblauchzehe schälen, in Würfel schneiden und mit dem gewaschenen Thymianzweig im erhitzten Olivenöl andünsten. Die Tomatenstücke dazugeben und kurz mitdünsten. Den Topf oder die Pfanne mit Pergamentpapier abdecken und die Tomaten bei kleiner Hitze etwa 1 1/2 Stunden leicht kochen lassen.

Die gekochten Gemüseschalen in ein Sieb abgießen und die Gemüsebrühe erneut zum Kochen bringen. Die vorbereiteten Gemüsestücke darin einzeln nacheinander bissfest kochen. Jeweils mit einem Schaumlöffel herausnehmen und in Eiswasser abschrecken. Die Brühe abkühlen lassen, die abgekühlten Gemüsestücke sowie die Pfifferlinge und die Cocktailtomaten hineingeben und die Suppe in den Kühlschrank stellen.

Für die Aïoli die Kartoffel mit einer Gabel fein zerdrücken und das Knoblauchpüree mit den Eigelben unterrühren. Nach und nach unter weiterem Schlagen mit dem Schneebesen die beiden Ölsorten einarbeiten.

Kurz vor dem Servieren 300 ml von der eiskalten Gemüsebrühe zur Aïoli geben und mit dem Stabmixer kräftig aufschäumen.

Das gut gekühlte Gemüse mit den abgekühlten Tomatenstücken in tiefe Teller geben, mit der aufgeschäumten Aïoli-Mischung umgießen und mit einigen Tropfen Olivenöl beträufeln. Die Suppe mit Zucchiniblüten garnieren.

Thierry Thiercelin

Chapon in der Salzkruste mit Zucchini und Kartoffelnocken

1 Chapon (Fisch der Provence) oder
1 Wolfsbarsch (je etwa 900 g)
Salz, frisch gemahlener Pfeffer
Für die Salzkruste:
750 g grobes Meersalz
75 g Mehl
120 g Eiweiß
Für die Sauce:
250 g Kartoffeln
Meersalz
150 g Zucchini
3–4 EL natives Olivenöl extra
20 g Butter
500 ml Fischfond (siehe Seite 189)
50 g kleine frische Sardellen, geputzt und klein geschnitten
1 EL Crème fraîche
Außerdem:
Ofentomaten nach Belieben (siehe Seite 132)

Für 2 Personen als Hauptgericht

Den Chapon am besten gleich vom Fischhändler schuppen und vom Rücken her ausnehmen lassen. Den Wolfsbarsch ungeschuppt ebenfalls vom Rücken her ausnehmen lassen.

Den Chapon mit Salz und Pfeffer würzen und aufrecht, mit dem Bauch nach unten, auf ein mit nassem Pergamentpapier ausgelegtes Backblech setzen und mit dem weichen Papier umhüllen. Den Wolfsbarsch ohne Papierhülle auf ein gefettetes Backblech setzen. Den Backofen auf 180 °C vorheizen.

Für die Salzkruste alle Zutaten locker mit den Händen vermischen. Den vorbereiteten Fisch etwa 1 cm dick mit der Salzmasse umhüllen und auf der mittleren Schiene des Backofens 20 bis 25 Minuten backen.

In der Zwischenzeit die Kartoffeln schälen, in Stücke schneiden und in wenig Salzwasser weich kochen. Die Zucchini putzen, waschen, längs in dickere Streifen schneiden und kurz in kochendem Salzwasser blanchieren. Die Kartoffeln gut abdampfen lassen und mit einer Gabel zerdrücken. Dabei nach und nach das Öl unterrühren und mit Salz abschmecken. Die Zucchini gut abgetropft in heißer Butter schwenken.

Den Fischfond mit den Sardellen und der Crème fraîche mit dem Stabmixer schaumig aufschlagen.

Die Fischkruste vorsichtig mit einem Fleischklopfer aufschlagen und den Fisch behutsam mit zwei Esslöffeln herausheben und auf einer Platte anrichten. Die Kartoffelmasse zu Nocken formen und mit den Zucchini um den Fisch verteilen. Eventuell mit Ofentomaten garnieren.

SO WIRD'S GUT!

Chapon ist ein typischer Fisch der Provence, den man bei uns kaum bekommt. Schade, denn der Fisch hat wenig Gräten, das Fleisch schmeckt aromatisch und auch die Haut ist überaus lecker. Damit der Gast diese auch genießen kann, umhüllt Thierry Thiercelin den geschuppten Fisch mit nassem Pergamentpapier. Das schützt vor dem Ankleben am Salzteig, und außerdem dringt nicht so viel Salz in das Fischfleisch ein.
Der Küchenchef der Villa Belrose meint, man könne stattdessen auch einen Wolfsbarsch nehmen. Dann jedoch den ungeschuppten Fisch ohne Papier mit Salzteig umhüllen. Die Schuppen bleiben nach dem Backen an der Salzkruste hängen und der Fisch wird auf diese Weise ganz einfach enthäutet.
Im Herbst füllt Thierry Thiercelin den Chapon mit frischen Feigen, umhüllt ihn mit Feigenblättern und bäckt ihn in einer Tonkruste.

WEINEMPFEHLUNG

Zum festen und sehr aromatischen Fleisch des Chapons muss auch die Weinbegleitung Power haben. Ein Weißwein mit kräftigem Körper ist gefragt und ein Hauch Barrique untermalt den Geschmack des Fisches. In Belrose empfiehlt der Sommelier gerne einen fruchtigen Weißwein aus der Region.

Thierry Thiercelin

Marinierte Sardellen mit Salat von Oktopus, Pinienkernen und Mandeln

Für den Oktopussalat:
1 kg Oktopus (Krake; küchenfertig)
2 EL Olivenöl
50 g Knoblauchzehen
100 g Zwiebeln
150 g Fenchel
2 Thymianzweige
150 g Zucchini
200 g Tomaten
200 g Cocktailtomaten
200 g Spargel
Salz
50 g Pinienkerne
100 g Mandeln, geschält und grob gehackt
Für die Vinaigrette:
100 ml natives Olivenöl extra
Salz, frisch gemahlener Pfeffer
Saft von 2–3 Zitronen
1 Eigelb
Für die Sardellen:
800 g frische kleine Sardellen
50 ml Olivenöl

Für 4 Personen als Hauptgericht

Den Oktopus waschen, die Arme abtrennen (den Körper für ein anderes Gericht aufbewahren), in 6 cm lange Stücke schneiden und im heißen Olivenöl scharf anbraten. Die geschälten und grob geschnittenen Knoblauchzehen und Zwiebeln sowie den gewaschenen, in Stücke geschnittenen Fenchel und die gewaschenen Thymianzweige hinzufügen und kurz mit andünsten. So viel kaltes Wasser angießen, dass alles bedeckt ist. Die Oktopusstücke und Gemüse bei kleiner Hitze 2 Stunden leicht kochen lassen. Danach im Kochsud erkalten lassen.

Die Zucchini putzen, waschen, schälen und die Schale in sehr feine Streifen schneiden (das Fruchtfleisch anderweitig verwenden). Die Tomaten kurz blanchieren, häuten, halbieren und entkernen. Das Fruchtfleisch in kleine Würfel schneiden. Die Cocktailtomaten ebenfalls kurz blanchieren, häuten, vierteln und entkernen. Den Spargel schälen, in kochendem Salzwasser bissfest kochen und in Eiswasser abschrecken. Die abgekühlten Spargelstangen in kleine Stücke schneiden.

Für die Vinaigrette das Olivenöl, Salz, Pfeffer, Zitronensaft und Eigelb mit dem Stabmixer aufmixen. Zwei Drittel der Vinaigrette mit den Salatzutaten vermischen. Den weich gekochten und abgekühlten Oktopus aus dem Kochsud nehmen und mit den Pinienkernen und den Mandeln unter den Salat mischen. Kurz durchziehen lassen.

Die Sardellen am besten gleich vom Fischhändler schuppen, ausnehmen und filetieren lassen. Die Filets waschen, trockentupfen und die feinen Gräten mit einer Pinzette entfernen. Die Sardellenfilets im erhitzten Olivenöl auf der Hautseite kurz braten.

Die Sardellen auf vier Tellern wie Schmetterlingsflügel anrichten, mit der übrigen Vinaigrette beträufeln und den Oktopussalat jeweils in die Mitte häufen.

SO WIRD'S GUT!

Gerichte aus Oktopus können ein kulinarisches Highlight sein, aber auch die Enttäuschung schlechthin. Ein Oktopus muss so lange bei kleiner Hitze garen, bis er butterweich und zart ist. Lassen Sie Oktopus immer im Kochwasser abkühlen, dann bleibt das Fleisch schön saftig.

Thierry Thiercelin

Rotbarbenfilets mit Brandade, Pistou und Ratatouille

Für die Brandade:
500 g Rotbarben, küchenfertig
100 ml Milch
100 ml Wasser
3–4 Knoblauchzehen
1 Thymianzweig
150 g mehlig kochende Kartoffeln
Salz
100 g Crème fraîche
150 ml natives Olivenöl extra
frisch gemahlener Pfeffer
Für den Pistou:
1 Bund Basilikum
Meersalz
150 ml natives Olivenöl extra
Für das Ratatouille:
je 150 g rote, gelbe und
grüne Paprikaschoten
150 g Zwiebeln
150 g Zucchini
200 g Tomaten
etwa 100 ml Olivenöl
Für die Rotbarben:
12 Rotbarbenfilets
4 EL Olivenöl
3–5 Knoblauchzehen
1 Thymianzweig

Für 4 Personen als Hauptgericht

Die Rotbarben waschen und trockentupfen. Die Milch mit dem Wasser, den geschälten Knoblauchzehen und dem gewaschenen Thymian einige Minuten bei kleiner Hitze kochen lassen. Die Rotbarben dazugeben und etwa 1 Minute pochieren.

Die Kartoffeln schälen, in kleine Würfel schneiden und in wenig Salzwasser weich kochen.

Die Rotbarben enthäuten, entgräten und die Filets mit dem Stabmixer fein pürieren. Die abgetropften Kartoffeln durch eine Kartoffelpresse drücken. Mit der Crème fraîche und dem Olivenöl zum Fischmus geben und mit einem Kochlöffel unterrühren. Mit Salz und Pfeffer herzhaft würzen.

Für den Pistou das Basilikum waschen, die Blätter abzupfen und im Mixer mit etwas Meersalz und dem Olivenöl pürieren. Es sollte eine cremige Sauce entstehen, aber nicht zu lange mixen, da der Pistou sonst Farbe und Aroma einbüßt.

Für das Ratatouille die Paprikaschoten halbieren, putzen und waschen. Die Zwiebeln schälen, halbieren und in die einzelnen Schichten zerlegen. Die Zucchini putzen, waschen und längs in Scheiben schneiden. Die Tomaten waschen, halbieren und entkernen. Alle Gemüse in etwa 1,5 cm große Quadrate schneiden. Etwas Öl erhitzen und die Gemüsesorten nacheinander bei mittlerer Hitze garen und salzen.

Die Rotbarbenfilets waschen und trockentupfen. In einer beschichteten Pfanne das Öl mit den geschälten Knoblauchzehen und dem gewaschenen Thymianzweig erhitzen und die Rotbarbenfilets darin ganz kurz anbraten.

Die Brandade auf vier Teller häufen, die Rotbarbenfilets darauflegen und die Gemüsequadrate abwechselnd als bunten Rand um den Fisch anordnen. Mit Gemüsesaft vom Ratatouille und mit Pistou beträufeln.

SO WIRD'S GUT!

Pistou, diese aromatische Basilikum-Olivenöl-Emulsion, ist in der Provence in jedem Haushalt vorrätig. Man bereitet gleich eine größere Menge zu, denn die feine Kräutersauce hält sich im Kühlschrank mehrere Tage und verfeinert Salat, gegrillten Fisch, gebratenes Fleisch oder auch einfach nur eine Scheibe Brot.
Normalerweise wird die Brandade aus Stockfisch, Kartoffeln und reichlich Olivenöl hergestellt. Thierry bereitet den französischen Rezeptklassiker aber auch gerne mit Rotbarben zu, da ihm das Aroma dieser kleinen Mittelmeerfische besonders zusagt.

Thierry Thiercelin

Kurz gebratener Roter Thunfisch mit Niçoise-Gemüse

900 g Filet vom Roten Thunfisch
geschmacksneutrales Öl
Für den Gemüsesalat:
je 300 g rote und gelbe Paprikaschoten
50 g Fenchel
3–4 Radieschen
300 g Tomaten
300 g Gurken
4 Eier
Für die Sauce:
150 g getrocknete Tomaten (in Öl eingelegt)
150 g schwarze Oliven niçoise
200 g Sardellenfilet (in Öl eingelegt)
250 ml natives Olivenöl extra
25 ml frischer Zitronensaft
Salz, frisch gemahlener Pfeffer
Außerdem:
1 Hand voll marinierte Salatblätter
einige Dillstängel, grob geschnitten

Für 4 Personen als Hauptgericht

Den Fisch am besten gleich vom Fischhändler in Streifen von 3 cm Durchmesser zurechtschneiden lassen. Die Filetstreifen in einer Pfanne in wenig Öl 1 bis 2 Minuten rundherum anbraten.

Die Paprikaschoten, den Fenchel, die Radieschen und Tomaten putzen und waschen, die Gurken schälen. Die Gurken und Radieschen in Scheiben schneiden, den Paprika und Fenchel halbieren und in feine Streifen schneiden. Die Tomaten halbieren, entkernen und ebenfalls in Streifen schneiden.

Die Eier hart kochen, kalt abschrecken, schälen und abkühlen lassen. Anschließend halbieren und Eigelb und Eiweiß getrennt durch ein Haarsieb streichen.

Für die Sauce die Tomaten, Oliven und Sardellen sehr fein hacken und mit Olivenöl und Zitronensaft verrühren. Mit Salz und Pfeffer würzen.

Einen Ring von 12 cm Durchmesser auf einen Teller legen und in diesen etwas von dem Gemüsesalat schichten. Leicht festdrücken und auf diese Weise vier Teller vorbereiten. Den Thunfisch in dünne Scheiben schneiden und kranzförmig auf dem Gemüse anrichten.

Die marinierten Salatblätter und den Dill locker um den Fisch legen und mit dem durchpassierten Eigelb und Eiweiß bestreuen. Den Fisch mit etwas Sauce beträufeln und den restlichen Salat in der Mitte anrichten.

SO WIRD'S GUT!

Nicht erschrecken bei der Olivenölmenge! Monsieur Thiercelin meint, dass sich die Mühe für eine kleine Menge nicht lohnt. Deshalb bereitet er immer gleich mehr davon zu. Die Sauce wird garantiert rasch aufgegessen, denn sie ist auch ein köstlicher Dip für Weißbrot oder Gemüse. Außerdem hält sie sich mindestens zwei Wochen im Kühlschrank.

WEINEMPFEHLUNG

Zu dem leckeren Fischgericht serviert man in der Villa Belrose gerne einen eleganten Weißwein, einen Cru classé de Côtes de Provence. Die floralen Noten und die Aromen von weißen Früchten sind ein gelungener Kontrast zu der würzigen Sauce.

Thierry Thiercelin

Kalbskoteletts mit Rhabarber gefüllt und Polenta

2 Kalbskoteletts (à 400 g)
800 g junger Rhabarber
80 g Butter
2 EL geschmacksneutrales Öl
Für die Polenta:
125 ml Geflügelfond
125 g Sahne
125 ml Milch
Salz, frisch gemahlener Pfeffer
70 g Instant-Polentagrieß
3 EL natives Olivenöl extra
50 g Parmesan, frisch gerieben
Außerdem:
125 ml Kalbsfond (siehe Seite 189)

Für 4 Personen als Hauptgericht

In die Kalbskoteletts am besten gleich vom Metzger eine Tasche einschneiden lassen.

Den Rhabarber schälen und in etwa 7 cm lange Stücke schneiden. 50 g Butter in einer Pfanne zerlassen und die Rhabarberstücke darin in etwa 3 Minuten bissfest braten. Die abgekühlten Rhabarberstücke vorsichtig nebeneinander in die vorbereiteten Kalbfleischtaschen füllen. Die Öffnungen mit Holzspießen zustecken. Den Backofen auf 165 °C vorheizen.

Das Öl in einer ofenfesten Pfanne erhitzen und die Koteletts auf jeder Seite 2 Minuten anbraten. Dann im Backofen in 15 bis 20 Minuten fertig garen.

Für die Polenta den Geflügelfond mit Sahne und Milch zum Kochen bringen, mit Salz und Pfeffer würzen und den Polentagrieß einrieseln lassen. Die Polenta unter ständigem Rühren bei kleiner Hitze etwa 10 Minuten kochen lassen. Kurz vor dem Servieren das Olivenöl und den Parmesan unterrühren.

Die Koteletts aus dem Ofen nehmen und kurz ruhen lassen. Den Bratensaft mit dem Kalbsjus vermischen und etwas einkochen lassen. Die restliche kalte Butter in Stückchen unterrühren.

Die Kotelettknochen auslösen, das Fleisch in schräge, nicht zu dünne Scheiben schneiden und auf vier vorgewärmte Teller verteilen. Mit der Kalbfleisch-sauce beträufeln und mit der Polenta servieren.

SO WIRD'S GUT!

Dieses Fleischgericht ist zwar optisch nicht aufregend, aber die feine Säure des Rhabarbers und das zarte Kalbfleischaroma sind ein wirklich harmonischer Leckerbissen. Der Rhabarber darf auf keinen Fall zu weich gegart werden, sonst verliert er seine raffinierte Säure, wird matschig und alles schmeckt fade.

WEINEMPFEHLUNG

Eine Cuvée aus Grenache, Syrah und Mourvèdre, ein Cru classé aus der Provence vom Château du Font du Broc, ist mit seiner Finesse und seiner Ausgewogenheit ein optimaler Begleiter zu dem fruchtigen Fleischgericht.

Thierry Thiercelin

Kaninchenfilets im Pancetta-Mantel mit Pfifferlingen und Erbsen

5 Kaninchenrücken (mit Knochengerüst)
2 Kaninchen-Vorderläufe
150 g Zwiebeln
2–3 Knoblauchzehen
150 g Möhren
100 ml geschmacksneutrales Öl
3 Thymianzweige
Salz, frisch gemahlener Pfeffer
400 g dünn geschnittene Pancetta
30 g kalte Butter
Für die Beilagen:
800 g Pfifferlinge
100 g Schalotten
500 g frische Erbsenschoten
100 g Butter
1 großes Bund Schnittlauch
Salz
4 TL Knoblauchpüree (siehe Seite 188)

Für 4 Personen als Hauptgericht

Die Kaninchenrückenfilets vorsichtig auslösen. Die Knochengerüste und die Kaninchen-Vorderläufe grob zerhacken. Die Zwiebeln, den Knoblauch und die Möhren schälen und in Würfel schneiden. 50 ml Öl in einem Topf erhitzen und die Knochen mit dem vorbereiteten Gemüse und den gewaschenen Thymianzweigen anbraten. Mit Salz und Pfeffer würzen und bis zur Hälfte mit kaltem Wasser begießen. 2 Stunden bei kleiner Hitze kochen lassen, dann die Knochen und den Thymian entfernen und das Gemüse durch ein Sieb passieren. Die Sauce auf etwa die Hälfte einkochen lassen.

In der Zwischenzeit die Pancetta-Scheiben leicht überlappend auf einem großen Bogen Frischhaltefolie zu einem Rechteck von etwa 35 x 20 cm auslegen. Die Kaninchenfilets in zwei Reihen darauf legen und mithilfe der Frischhaltefolie zu einer Rolle formen. Die Folie entfernen und die Pancetta gut festdrücken, gegebenenfalls etwas nachformen. Die Fleischrolle mit Küchengarn fest verschnüren.

Das restliche Öl erhitzen und die Pancetta-Rolle darin bei mittlerer Hitze rundherum anbraten. Die Hitze reduzieren und die Pancetta-Rolle unter gelegentlichem Begießen mit dem Bratfett in 15 bis 20 Minuten garen.

Die Pfifferlinge putzen und kurz mit kaltem Wasser abbrausen. Die Schalotten schälen und in sehr kleine Würfel schneiden. Die Erbsen enthülsen.

In einer Pfanne 50 g Butter aufschäumen lassen und die Pfifferlinge darin anbraten. Die Schalotten dazugeben und weiterbraten, bis alle Flüssigkeit verdampft ist. Den Schnittlauch waschen, fein schneiden und untermischen. Die Erbsen in kochendem Salzwasser kurz blanchieren und in der restlichen erhitzten Butter kurz schwenken.

Die Kaninchen-Pancetta-Rolle in vier gleich große Stücke schneiden und auf vorgewärmten Tellern auf die Schnittflächen stellen. Mit Pfifferlingen, Erbsen und Knoblauchpüree anrichten. Unter den erhitzten Kaninchenjus die kalte Butter in kleinen Stücken rühren und das Fleisch damit beträufeln.

SO WIRD'S GUT!

Für die Zubereitung dieser Kaninchenrolle muss man schon ein wenig Kocherfahrung haben, auch wenn Thierry sagt, dass es ganz einfach sei. Man bekommt aber heute auch in vielen Metzgereien Kaninchenfilets bereits ausgelöst. Vergessen Sie aber nicht Knochen und Vorderläufe für die Sauce zu kaufen.

Pancetta, der gerollte Bauchspeck aus Italien, ist besonders mild und daher bestens geeignet zum Umhüllen. Wenn Sie den heimischen durchwachsenen Bauchspeck nehmen, ist es sinnvoll, die Scheiben vorher ein wenig zu wässern, damit das Fleischgericht nicht zu salzig wird.

Den letzten Pfiff erhält das Kaninchen durch das Knoblauchpüree. Bereiten Sie davon gleich mehr zu, denn es hält sich im Schraubglas – kühl aufbewahrt – mehrere Wochen. Mit dem Olivenöl, das bei der Zubereitung des Pürees übrig bleibt, können Sie Salate verfeinern oder es einfach nur auf Weißbrot träufeln.

Thierry Thiercelin

Tomaten-Beignets mit Safraneis

36 Cocktailtomaten
500 ml Wasser
500 g Puderzucker
Für das Safraneis:
250 ml Vollmilch
2 g Safranfäden
3 Eigelb
50 g Zucker
Für den Ausbackteig:
200 ml fettarme Milch (1,5 % Fett)
100 ml Bier
60 g dünnflüssiger Honig
190 g Mehl
90 g Eiweiß
1 Prise Salz
10 g Puderzucker
geschmacksneutrales Öl zum Ausbacken
Außerdem:
Puderzucker zum Bestäuben

Für 4–6 Personen

Die Cocktailtomaten kurz blanchieren, in eiskaltem Wasser abschrecken und häuten. Dabei darauf achten, dass das Fruchtfleisch nicht verletzt wird.

Das Wasser mit dem Puderzucker zum Sirup einkochen lassen. Von der Kochstelle nehmen, die enthäuteten Tomaten hineingeben und über Nacht bei Zimmertemperatur kandieren.

Für das Safraneis die Milch mit den Safranfäden zum Kochen bringen. Die Eigelbe mit dem Zucker dickschaumig schlagen. Die heiße Safranmilch langsam unter ständigem Schlagen mit einem Schneebesen dazugießen. Die Masse über einem Wasserbad bei kleiner Hitze cremig aufschlagen. Dann unter gelegentlichem Umrühren über einer Schüssel mit Eiswasser abkühlen lassen. Die Eier-Safran-Masse in eine Eismaschine füllen und gefrieren lassen.

Am nächsten Tag für den Ausbackteig die Milch mit Bier und Honig verquirlen und das Mehl unterrühren. Das Eiweiß mit Salz und Puderzucker sehr steif schlagen. Den schnittfesten Eischnee gleichmäßig und vorsichtig unter den Bierteig ziehen.

8 kandierte Tomaten und etwas Sirup mit dem Stabmixer fein pürieren und durch ein Sieb streichen. Die restlichen Tomaten aus dem Sirup nehmen und auf Alufolie abtropfen lassen.

Das Öl in einer Fritteuse auf 180 °C erhitzen. Die Tomaten mithilfe eines Holzspießchens in den Ausbackteig tauchen und im heißen Fett goldbraun frittieren. Die Tomaten-Beignets auf Küchenpapier abtropfen lassen.

Einige Tomaten-Beignets übereinander setzen und mit dem Tomatensirup beträufeln. Mit einem Eisportionierer aus dem Safraneis Kugeln formen und neben den Tomaten-Beignets anrichten. Die Beignets mit Puderzucker bestäuben.

SO WIRD'S GUT!

Da muss man erst mal draufkommen: Cocktailtomaten als Dessert! Aber der Kontrast aus der Säure der Tomaten und der Süße des Sirups ist ein angenehmes Geschmackserlebnis. Monsieur Thiercelin frittiert daraus natürlich kleine Kunstwerke, aber wenn Sie die Tomaten wie Kirschen in den Teig tauchen und im heißen Öl ausbacken, schmeckt es genauso gut. Wunderbar passt das Safraneis dazu. Falls Sie keine Eismaschine im Haus haben, füllen Sie die Masse einfach in eine flache Schüssel und rühren das gefrierende Eis immer wieder mal mit einer Gabel durch. Kurz vor dem Servieren noch mal mit einem Stabmixer durchmixen und sofort zu Kugeln formen.
Im Belrose werden die Tomaten-Beignets auf – natürlich selbst geformten – Schokoladenblättern angerichtet und Monsieur Thiercelin ergänzt das Dessert zudem noch mit Honig-Sorbet.

Thierry Thiercelin

Karamellisierter Granny-Smith-Apfel mit Bananenkuchen

Für die karamellisierten Äpfel:
4 Granny-Smith-Äpfel
40 g Butter
150 g Gelierzucker
Für den Bananenkuchen:
50 g Butter
35 g Puderzucker
Mark von 1/2 Vanilleschote
1 Ei
65 g Mehl
80 g Mandeln, gerieben
1 g Backpulver
1 g Salz
25 g brauner Zucker
1 Banane
100 g Mascarpone
Für die Dekoration:
1 Granny-Smith-Apfel, in Spalten geschnitten

Für 4 Personen

Die Äpfel vierteln, schälen, entkernen und in feine Spalten schneiden. Die Butter mit dem Gelierzucker in einer Pfanne goldgelb werden lassen. Die Apfelspalten dazugeben und karamellisieren. Die Apfelspalten in vier Timbale-Förmchen schichten und mit einem Löffel gut festdrücken.

Für den Bananenkuchen die Butter mit dem Puderzucker cremig rühren. Das Vanillemark und das Ei unterrühren und nach und nach das Mehl, die Mandeln, Backpulver und Salz dazugeben.
Den Teig rasch durchkneten und in Frischhaltefolie gewickelt 30 Minuten kalt stellen. Den Backofen auf 180 °C vorheizen.

Den Teig 5 mm dick ausrollen und in 3 x 10 cm lange Streifen schneiden. Die Teigstreifen auf ein Backblech legen, mit braunem Zucker bestreuen und im Backofen in etwa 7 Minuten goldbraun backen. Abkühlen lassen.

Die Banane schälen und in dünne Scheiben schneiden. Die Kuchenstreifen mit Mascarpone bestreichen und mit den Bananenscheiben belegen.

Die vorbereiteten Apfel-Timbales im 180 °C heißen Ofen 5 Minuten backen. Anschließend noch heiß auf die Teller stürzen und die Bananenkuchen daneben anrichten. Mit Apfelspalten garnieren.
Thierry Thiercelin garniert das Dessert noch mit hauchdünnen getrockneten Apfelscheiben.

SO WIRD'S GUT!

Bei dieser Dessert-Kombination ist jedes Element für sich ein kleiner Nachtisch. Der Bananenkuchen schmeckt auch solo zu Kaffee oder Tee, dann aber die vierfache Menge zubereiten.
Die Apfel-Timbales kann man auch einfach nur mit feinem Vanilleeis oder einer Vanillesauce servieren.

Olivier Streiff
Vista Palace

„Der schockt“, sagen viele. Das macht aber gar nichts, denn das Restaurant ist immer voll. Und es sieht ihn dort auch kaum einer. Denn Olivier zeigt sich selten, er mag keinen Applaus. Wie reagieren die Gäste, wenn sie ihn trotzdem mal sehen? Olivier lacht: „Huuuh!, rufen sie, der sieht ja aus wie der Adams-Family entsprungen!“ Die gespensterbleiche Haut hatte er schon immer, neu ist die Frisur. Die durfte er bei seinen früheren Arbeitgebern nicht haben. Seit 2003, seit er Küchenchef ist im Vista Palace, darf er's.

Foto Doppelseite 152/153: Blick auf Monaco.

ZU GAST BEI OLIVIER STREIFF IM VISTA PALACE HOTEL BEI MONACO

„Im Beet des Erfolges blüht die Verwegenheit!“ (Asiatisches Sprichwort)
An der Grande Corniche in Roquebrune ist alles kühn. 333 Meter über dem Meer thront stolz und verwegen eine gigantische Speerspitze aus Stahl, Glas und Beton auf schroffer Klippe. Das riesige blaue „V“, das nachts vom Dach in den Himmel strahlt, ist kein Victory-Zeichen, wie man vermuten könnte, nein, es steht für das Hotel Vista Palace.

Stolz, kühn und verwegen! Man spürt es sofort, dass dies hier seit Menschengedenken ein strategisch einzigartiger Ort ist. Die Römer nutzten ihn genauso wie die Nazis und wie die Vertreter einer Zunft, die einen ausgeprägtren Spürsinn für grandiose Orte besitzen: Gastronomen und Hoteliers. Bereits im Jahr 1870 entstand hier ein Spitzen-Etablissement mit dem Namen Le Vistaero. So heißt übrigens das Gourmet-Restaurant des Vista Palace heute noch. Es befindet sich im vorderen Teil, im spitzen Winkel des futuristischen Gebäudes mit dem Speerspitzen-Grundriss. Der Unternehmer Max Grundig ließ es in den Jahren 1975 bis 1985 erbauen, und es war damals eine atemberaubende Sensation. Es klebt so spektakulär am äußersten Rand des Felsens, dass das Gestein noch heute jährlich auf seine Stabilität untersucht werden muss.

Wenn Sie dann an eines der überdimensionalen Glasfenster treten, verschlägt es Ihnen den Atem. Vor Ihnen spannt sich ein grandioser 180-Grad-Küstenblick, wie er an der Cote d'Azur einmalig sein dürfte. So muss sich ein Jungvogel im Adlerhorst fühlen. Na ja, ich habe lange nach einem besseren Vergleich gesucht. „Cockpit-Feeling“ oder vielleicht „Gipfel-Loge“ wären auch noch angebracht. Der schier unendliche Blick vom italienischen Ventimiglia über den Fürstenpalast von Monte Carlo bis hinüber nach Nizza suggeriert eine beeindruckende Erhabenheit. Ich bin überzeugt, hier, auf diesem Felsen in Roquebrune, zwischen Cap Ferrat und Cap Martin, befinden wir uns schlicht und ergreifend auf dem südfranzösischen Olymp. An dessen Hängen sich natürlich eine entsprechende Parkanlage in die Tiefe schmiegt. 35 000 Quadratmeter mit allem, was mediterran und attraktiv ist: Mandeln, Zitronen, Mimosen, Jasmin, Oliven, Feigen, Rosen, Lavendel und weitere wunderschöne Gewächse aller Art. Ein verwunschener Kräutergarten. Aber dazu komme ich später.

Zunächst stellt sich die kulinarische Gretchenfrage: Dieser verrückte Ort, dieses verrückte Hotel – was braucht man da für einen Koch? Die Antwort ist einfach: einen verrückten! Der 29-jährige Franzose Olivier Streiff hat ganz und gar nichts dagegen, als „durchgeknallt“ bezeichnet zu werden.

Das Haus habe gerade Linien, sagt mir der Hotelmanager, also müsse das Essen doch ebenso gerade Linien haben. „Und eins ist klar: Der Olivier wird ein Star!“

Die traditionelle, etwas schwere französische Küche schmeckt ihm nicht ganz so gut und deshalb kocht er lieber italienisch. Wenig Butter, kaum Öl kommt beispielsweise in den Trüffel-Risotto. Das Etikett für die Küche Olivier Streiffs: europäisch mit asiatischem Touch.

Stars pflegen ein klares Image – Olivier Streiff auch: pechschwarz gefärbte Mephisto-Strähne, pechschwarze Küchenkluft. Das ist das Signal eines ausgewachsenen Existentialisten! Streiff liebt Sartre, Nietzsche, mag unabhängige Geister, Visionäre und verabscheut alles, was nach Anpassung und Kompromiss riecht. In der Küche akzeptiert er nur Kollegen, die wie er denken. „Ich arbeite und spreche nur mit Menschen, die mich verstehen."

Was will er der Welt beweisen? Dass die perfekte Harmonie des Geschmacks aus der Spannung der Gegensätze entsteht: süß-sauer, scharf-süß, heiß-kalt … Und dass zur höchsten Kochkunst auch das Malen gehört.

Die Spannung der Gegensätze: Sie entlädt sich beispielsweise in Form eines Nougat-Risottos – süß-herb, denn „Ausbalancieren ist alles", sagt er. „Wie das Leben?" frage ich. „Wie das Gleichgewicht des Lebens." „Trotzdem bevorzuge ich ein herzhaftes Trüffel-Risotto, Olivier." Wenn ich mich als Köchin bei ihm beworben hätte, wäre ich spätestens nach dieser Ablehnung hochkant rausgeflogen. Dennoch erlebe ich die große Ehre, von Olivier in die Kunst des Risotto-Kochens eingeführt zu werden. Als ich seine Küche betrete, verschlägt es mit gleich den Atem. Allerdings, weil ich aus dem Fenster schaue. Die grandioseste Aussicht, die Profi-Köchen je vergönnt war! „Ja, das ist jeden Tag ein anderes Gefühl, wenn ich da rausschaue", meint er. „Das Beste ist: Ich bin hoch, hoch über dem Fürstenpalast."

„Aber ich bin zum Kochen hier!" Jawohl, und zwar als Vorkämpfer für eine neue Küche. Während der Risotto uns gerade nicht fordert, versuche ich seine „Spannungstheorie" zu erforschen. Das sei ganz einfach, meint er: Man nehme zum Beispiel eine gute französische Ente und paare sie mit der Exotik Marokkos – mit Zimt, Mango und anderen Früchten. Man wandere unvoreingenommen durch die Blütenrabatten der hoteleigenen Parkanlage und teste ihren Aromareichtum: Salate aus Jasmin, Rose, Orchidee, Borretsch und Mohn! Essig von Jasmin und Mohn sei übrigens seine Spezialität.

Ich muss gestehen: So etwas wie Oliviers Rosenschaum habe ich in meinem Leben noch nicht genossen. „Naja", meint er, „das ist ein Hauch, eine Erinnerung, wie ein Traum. Ich verkaufe doch Träume."

Mitunter violette Träume. Denn seine Gnocchi macht er am liebsten aus violetten Kartoffeln. „Superspannend. Weil sie süß sind, mit Maronengeschmack, und zudem für meine Gemälde perfekt gefärbt."

Womit wir bei seiner Malkunst wären. Jedes Gericht, das ich aus seiner Küche kommen sah, erinnerte mich an meine Kindheit, an diese kunstvollen Wiener Petit fours, die so perfekt gestylt waren, dass ich sie um nichts in der Welt mit einem schnöden Biss hätte zerstören wollen! Ich übertreibe nicht: Jedes Streiff-Gericht ist ein Gemälde! Was ist zuerst da, die Komposition des Bildes oder des Gerichts? „Erst sehe ich das Bild, dann kommt das Rezept. Wie bei einem Chanson: Erst ist der Refrain da, dann kommen die Strophen."

Na, ich war ja ganz schön skeptisch, als mir Olivier Streiff von diesem Rezept erzählte. Eigentlich wollte ich es gar nicht verkosten, doch der Küchenchef ließ sich nicht davon abbringen, mich zu überzeugen, denn er liebt den Kontrast von würzigen und süßlichen Aromen. Und ich musste feststellen: Dieser Risotto ist eine raffinierte Harmonie zwischen dem pikanten Parmesan und dem süßen Nougat.

Olivier Streiff

Vialone-Nano-Risotto mit Nougat, Bourbon-Vanilleöl und gehobeltem Parmesan

10 g marinierte Schalotten (siehe So wird's gut!)
100 g Risotto-Reis (Vialone Nano)
350 ml heiße Hühnerbrühe
20 g Butter (demi-sel)
30 g Nougatstückchen
20 g Parmesan (36 Monate gereift), gehobelt
Salz, frisch gemahlener Pfeffer
2–3 EL Fleischfond
40 ml Vanilleöl (siehe Seite 189)
30 g Nougatspäne
etwas türkischer Honig, in Stückchen geschnitten
kandierte Früchte, in Scheiben geschnitten

Für 4 Personen als Zwischengericht

Die marinierten Schalotten in einem Topf leicht andünsten. Den Reis dazugeben und unter Rühren dünsten, bis er perlmuttartig aussieht. Unter ständigem Rühren immer wieder etwas von der Hühnerbrühe dazugießen. Nach etwa der Hälfte der Garzeit die Butter unterrühren und den Risotto bei kleiner Hitze weitergaren.

Sobald der Reis weich, aber noch bissfest ist, die Nougatstückchen und den Parmesan unterrühren und mit Salz und Pfeffer würzig abschmecken.

Den Risotto in vier tiefe Teller füllen, mit Fleischfond und Vanilleöl beträufeln, mit Nougatspänen bestreuen und mit kleinen Stückchen türkischem Honig und kandierten Früchten garnieren.

SO WIRD'S GUT!

Marinierte Schalotten? Noch nie gehört, aber Olivier schwört darauf. Er mariniert die Schalotten, um ihnen noch mehr Aroma zu entlocken. Die Schalottenwürfel werden mit Meersalz bestreut und mit so viel Olivenöl begossen, dass sie knapp bedeckt sind. Diese Mischung lässt er einige Stunden an einem warmen Ort stehen, füllt sie dann in ein Schraubglas und bewahrt sie im Kühlschrank auf. Sie halten auf diese Weise mindestens eine Woche.

WEINEMPFEHLUNG

Zu diesem ungewöhnlichen Risotto serviert man im Vistaero einen Vouvray demi-sec 2000 vom Château Huet, da dieser Wein aus der Chenin-blanc-Rebe mit seiner feinen Säure und dem saftigen Aroma von Pfirsich und Birne ein erquickender Kontrast zu dem leicht süßlich angehauchten Risotto ist.

30 g Schalotten
50 ml Olivenöl
Salz
200 g Risotto-Reis (Vialone Nano)
2 Knoblauchzehen
1 Lorbeerblatt
1 Thymianzweig
100 ml trockener Weißwein
600 ml heiße Hühnerbrühe
10 ml Trüffelöl
50 g Butter (demi-sel)
30 g Parmesan, frisch gerieben
frisch gemahlener Pfeffer
60 g Trüffel
50 ml Fleischfond

Für 4 Personen als Hauptgericht

Olivier Streiff

Trüffel-Risotto

Die Schalotten schälen, in kleine Würfel schneiden und im Olivenöl glasig braten. Salzen, den Reis, die geschälten, zerdrückten Knoblauchzehen sowie die gewaschenen Kräuter hinzufügen und alles 3 Minuten andünsten. Mit Weißwein ablöschen und nach und nach unter Rühren die Hühnerbrühe dazugießen. Nach etwa 15 Minuten die Kräuter herausfischen und das Trüffelöl und die Butter unterrühren. Den Risotto weitere 3 Minuten bei kleiner Hitze kochen lassen, dann 20 g Parmesan unterrühren und mit Salz und Pfeffer würzen.

Die Trüffel gründlich säubern. Den Risotto in tiefen Tellern anrichten, mit dem leicht erwärmten Fleischfond beträufeln, den übrigen Parmesan darüberstreuen und die Trüffel fein darüberhobeln.

SO WIRD'S GUT!

Drei Dinge sind superwichtig für einen guten Risotto: die richtige Reissorte, Geduld beim Rühren und das Fingerspitzengefühl, ihn im richtigen Moment – wenn der Reis weich, aber dennoch bissfest ist – zu servieren. Olivier Streiff nimmt Vialone Nano, eine italienische Reissorte mit mittelgroßen Körnern. Während er mit einem Kochlöffel rührt, gießt er die heiße Hühnerbrühe in kleinen Schlückchen nach und nach dazu. Und dann heißt es natürlich – ob in Italien oder an der Côte d'Azur: Der Gast wartet auf den Risotto und nicht umgekehrt.

WEINEMPFEHLUNG

Dazu passt nach Meinung der jungen Sommelière des Vistaero ein Condrieu Blanc 2001 von Guigal. Der vollmundige samtige Wein mit den blumigen Noten und den zarten Holztönen harmoniert vortrefflich mit dem köstlichen Trüffel-Risotto.

Olivier Streiff

Frische Tagliatelle mit Perigord-Trüffel und Passionsfruchtcreme

50 g Perigord-Trüffel
25 g Trüffelcreme
150 g Sahne
400 g Tagliatelle (möglichst selbst gemacht)
Salz, frisch gemahlener Pfeffer
frisch gehobelter Parmesan
Für die Passionsfruchtcreme:
200 g Sahne
150 ml Milch
3 Passionsfrüchte
15 g Honig
Salz, frisch gemahlener Pfeffer

Für 4 Personen als Hauptgericht

Die Trüffel putzen, schälen und in feine Scheiben hobeln. Die Reststückchen mit einer Gabel fein zerdrücken und mit der Trüffelcreme unter die Sahne rühren. Die Trüffelsahne erhitzen und einige Minuten bei kleiner Hitze sanft kochen lassen.

Die Tagliatelle in kochendem Salzwasser in wenigen Minuten bissfest kochen. In ein Sieb abgießen und gut abgetropft mit der Trüffelsahne vermischen. Mit Salz und Pfeffer würzen und etwa 5 Minuten durchziehen lassen.

Inzwischen für die Passionsfruchtcreme die Sahne mit der Milch aufkochen lassen. Die Passionsfrüchte halbieren, die Fruchtpulpe mit einem Löffel auslösen und mit dem Honig unter die Sahnemilch rühren. Alles kurz erhitzen und mit Salz und Pfeffer würzen.

Die Trüffel-Tagliatelle auf vorgewärmten flachen Tellern anrichten. Mit der Passionsfruchtcreme übergießen und die Trüffelscheiben und Parmesanspäne darüber verteilen.

SO WIRD'S GUT!

Begeisterte Hobbyköche bereiten ihre Tagliatelle natürlich selbst zu. Wer dafür keine Zeit oder auch keine Lust hat, der findet heute in Feinkostgeschäften und vielen italienischen Lebensmittelläden frische Tagliatelle, die herrlich schmecken.
Frische Eiernudeln haben eine sehr kurze Garzeit. Deshalb die Nudeln immer im Blick haben, denn nichts schmeckt grässlicher als eine zu weich gekochte Pasta!

WEINEMPFEHLUNG

Was könnte zu dieser ungewöhnlichen Komposition von Trüffel und Passionsfrüchten besser passen als ein Elsässer Gewürztraminer? Der voluminöse Wein von Weingut Ostertag ist mit seinen frischen Litschinoten eine optimale Begleitung.

Zum Gemüse gehört in der provenzalischen Küche Knoblauch. Olivier mag aber keinen Knoblauch. Höchstens einen Hauch davon. Er mag auch keine Hunde. Die würde er am liebsten alle „Knoblauch“ nennen. Er sei halt ein Vampir! Deshalb hat er sinnigerweise Knoblauch-Chips kreiert. Nicht nur für Vampire. Aber weil dadurch der unangenehme Geruch weg ist.

8 gelbe Paprikaschoten
8 rote Paprikaschoten
1 Thymianzweig
1 Rosmarinzweig
1 Lorbeerblatt
5 Knoblauchzehen
etwa 250 ml Olivenöl
4 große Auberginen
8 runde Zucchini
2 große Fenchelknollen
Meersalz
5 junge Knoblauchzehen
500 ml Milch
frisch gemahlener Pfeffer
4 TL Olivenpüree (aus dem Glas)

Für 4 Personen als Vorspeise

Olivier Streiff

Kandierte Gemüse-Millefeuille mit Thymian und Knoblauch-Chips

Die Paprikaschoten waschen und mit einem Gemüseschäler dünn schälen, die roten Schalen aufbewahren (siehe So wird's gut!). Den Backofen auf 120 °C vorheizen. Die geschälten Schoten halbieren, putzen und nebeneinander auf ein Backblech legen. Die gewaschenen, grob geschnittenen Kräuter und die geschälten, zerdrückten Knoblauchzehen darauf verteilen und mit etwa der Hälfte des Olivenöls begießen. Im heißen Backofen in 45 Minuten garen.

Die Auberginen und die Zucchini putzen, waschen, längs in 1/2 cm dicke Scheiben schneiden und nacheinander in einer beschichteten Pfanne in wenig Olivenöl etwa 5 Minuten auf jeder Seite braten. Die Fenchelknollen putzen, waschen, in die einzelnen Schichten zerlegen und in kochendem Salzwasser garen.

Die jungen Knoblauchzehen schälen, in feine Scheiben schneiden, in ein Sieb geben und in siedender Milch blanchieren. Die Knoblauchscheiben mit Küchenpapier trockentupfen und im restlichen, auf 120 °C erhitzten Olivenöl goldgelb frittieren. Die Knoblauch-Chips mit einem Schaumlöffel herausheben und mit Küchenpapier trockentupfen.

Die abgekühlten Paprikaschoten, die Auberginen, die Zucchini sowie den Fenchel in gleich große Rechtecke schneiden. Die Rechtecke jeweils mit Salz und Pfeffer würzen, mit etwas Olivenpüree bestreichen und abwechselnd zu vier Türmchen aufschichten, dabei mit den roten Paprikastücken abschließen. Das Gemüse-Millefeuille mit Knoblauch-Chips garnieren.

SO WIRD'S GUT!

Diese Art der Resteverwertung hat mich schwer beeindruckt: Olivier Streiff kocht die roten Paprikaschalen in wenig Salzwasser, bis sie weich sind, und gießt sie in ein Sieb ab. Dann mixt er sie mit nativem Olivenöl extra, Thymian und Rosmarin Dieses Paprikaöl füllt er in Flaschen, und er hat somit immer eine raffinierte Würze für Gemüse-, Fleisch- oder Fischgerichte zur Hand. Das Paprikaöl hält sich im Kühlschrank mehrere Wochen.

Olivier Streiff

Variationen von verschiedenen Tomaten

<u>Gazpacho:</u>
200 g vollreife Tomaten
1 Erdbeere
2 Himbeeren
100 g Honigmelonen-Fruchtfleisch

<u>Tomaten-Sorbet:</u>
250 g grüne Tomaten
20 g Zucker
40 g Traubenzucker
Salz
25 ml Wasser

<u>Grüne-Tomaten-Mousse:</u>
450 g Fruchtfleisch von grünen Tomaten
250 g Sahne
1/2 Vanilleschote

<u>Tomaten-Pfirsich-Mousse:</u>
150 g Pfirsichfruchtfleisch
1 Blatt Gelatine
500 g Tomatenfruchtfleisch

<u>Tomaten-Tatar:</u>
2 grüne Tomaten
2 Fleischtomaten
2 Flaschen- oder Eiertomaten
3–4 EL natives Olivenöl extra
Salz, frisch gemahlener Pfeffer
Basilikumblätter, fein geschnitten

<u>Cocktailtomaten-Beignets:</u>
8 Cocktailtomaten
2 Eier
4–5 EL frisch geriebenes Weißbrot
geschmacksneutrales Öl zum Frittieren

Jeweils für 4 Personen als Appetithappen

Für das Gazpacho die Tomaten waschen, in Stücke schneiden und mit den angegebenen Früchten im Mixer fein pürieren. Das Gazpacho durch ein Sieb passieren und gut gekühlt in kleinen Tassen servieren.

Für das Tomaten-Sorbet die Tomaten kurz blanchieren, häuten, halbieren und entkernen. Mit den angegebenen Zutaten im Mixer fein pürieren. Das Püree 24 Stunden im Kühlschrank durchziehen lassen, dann in einer Eismaschine gefrieren lassen. Das Sorbet zu Kugeln formen und in kleinen Schalen anrichten.

Für die grüne Tomaten-Mousse das Tomatenfruchtfleisch im Mixer fein pürieren. Die Sahne mit der längs aufgeschnittenen Vanilleschote erhitzen und etwa 30 Minuten ziehen lassen. Anschließend das Vanillemark in die Sahne schaben und das Tomatenpüree dazugeben. Erneut kräftig durchmixen und abkühlen lassen. Die kalte Mischung in einen Sahne-Siphon füllen und als Schaum auf kleine Teller spritzen.

Für die Tomaten-Pfirsich-Mousse das Pfirsichfruchtfleisch pürieren, kurz erwärmen und die kalt eingeweichte und dann in 1 EL heißem Wasser aufgelöste Gelatine unterrühren. Das Tomatenfruchtfleisch dazugeben und im Mixer fein pürieren. Das Püree in einen Sahne-Siphon füllen und als Schaum auf kleine Teller spritzen.

Für das Tomaten-Tatar alle Tomaten kurz blanchieren, häuten, halbieren und entkernen. Das Fruchtfleisch in kleine Würfel schneiden und mit dem Olivenöl vermischen. Mit Salz, Pfeffer und Basilikum würzen und im Kühlschrank mindestens 30 Minuten durchziehen lassen. Das Tatar auf kleine Teller häufen und gut gekühlt servieren.

Für die Cocktailtomaten-Beignets in die gewaschenen Tomaten Holzspießchen stecken. Die Tomaten zuerst durch die verquirlten Eier, dann durch die Weißbrotbrösel ziehen. Die Panade leicht festdrücken und den Vorgang noch einmal wiederholen. Das Öl in einer Fritteuse auf 160 °C erhitzen und die panierten Tomaten in wenigen Minuten goldgelb frittieren. Auf Küchenpapier abtropfen lassen und sofort genießen.

Olivier Streiff

Gebratene Garnelen und Garnelen-Tatar mit Frucht- und Gemüse-Mousse auf Kichererbsenplätzchen

Für das Frucht- und Gemüse-Mousse:
300 g Tomaten
300 g Melonenfruchtfleisch
50 g Mangofruchtfleisch
100 g Ananasfruchtfleisch
25 g Erdbeeren
25 g Himbeeren
Salz
Für das Garnelen-Tatar:
8 Garnelen
30 g Honig
30 ml Honigessig
60 ml natives Olivenöl extra
Salz, frisch gemahlener Pfeffer
Für die Kichererbsen-Plätzchen:
100 g Kichererbsenmehl
25 ml Olivenöl
200 ml Wasser
Salz, frisch gemahlener Pfeffer
Rosmarin, fein gehackt
Olivenöl zum Braten
Außerdem:
12 große Garnelen
2 Rosmarinzweige
Olivenöl zum Braten
essbare Blüten zum Garnieren (Stiefmütterchen, Kapuzinerkresse, Borretsch)

Für 4 Personen als Hauptgericht

Die Tomaten blanchieren, häuten, halbieren und entkernen. Das Tomatenfruchtfleisch und die Früchte in Stücke schneiden, wenig salzen und einige Stunden im Kühlschrank durchziehen lassen. Anschließend die Mischung im Mixer fein pürieren, falls nötig, noch mal mit Salz abschmecken und kalt stellen.

Für das Garnelen-Tatar die Garnelen von Kopf und Schalen befreien, den Darm jeweils entfernen und das Garnelenfleisch in kleine Würfel schneiden. Für die Vinaigrette den Honig mit dem Honigessig leicht erwärmen und das Olivenöl mit einem Schneebesen unterschlagen. Mit Salz und Pfeffer würzen. Die Garnelenwürfel in der Vinaigrette marinieren.

Das Kichererbsenmehl in eine Schüssel geben und nach und nach das Öl und das Wasser mit dem Kochlöffel unterrühren. Den Teig mit Salz, Pfeffer und Rosmarin würzen und 30 Minuten ruhen lassen. Etwas Olivenöl in einer beschichteten Pfanne erhitzen. Jeweils mit einem Esslöffel etwas Teig in das heiße Öl setzen, mit dem Löffelrücken glatt streichen und die Plätzchen auf beiden Seiten bei mittlerer Hitze goldbraun backen.

Von den großen Garnelen die Köpfe entfernen, die Schalen aufbrechen, das Schwanzende daran lassen und das Fleisch auslösen. Den Darm jeweils entfernen. Das Garnelenfleisch mit Rosmarinnadeln spicken und im Olivenöl braten.

Die Kichererbsen-Plätzchen auf vier Teller verteilen. Die Gemüse-Frucht-Mischung in einen Sahne-Siphon füllen, in vier kleine Schälchen spritzen, glatt streichen und auf die Teller stürzen. Seitlich jeweils 3 Garnelen und das Tatar anrichten. Mit Blüten der Saison garnieren.

SO WIRD'S GUT!

Das Aufschäumen von Frucht- oder Gemüsepürees ist bei Top-Köchen derzeit Mode. Wer einen Sahne-Siphon zu Hause hat, kann das ganz einfach nachmachen. Wichtig dabei ist nur, dass das Frucht- oder Gemüsepüree gut gekühlt ist.

Olivier Streiff

Filet vom Steinbutt mit Mandelkruste, Kartoffel-Galetten, Lebkuchenbrot

Für das Lebkuchenbrot:
250 g Tannenhonig
50 g Puderzucker
125 g Roggenmehl
125 g Mehl (Type 550)
20 g Hefe
5 g Lebkuchengewürz
175 ml Milch
1 großes Ei
Für die Kartoffel-Galetten:
250 g violette Kartoffeln
Salz
50 g Mehl
1/2 Ei
1 TL Olivenöl
Für die Mandelkruste:
70 g geschälte Mandeln, fein gehackt
70 g Butter (demi-sel)
25 g Weißbrot ohne Rinde, fein gerieben
1 Passionsfrucht
Salz, frisch gemahlener Pfeffer
Für die Eiermilch:
30 ml Milch
30 g Sahne
1/2 Ei
1 kleines Eigelb
Salz, frisch gemahlener Pfeffer
etwas Puderzucker
Außerdem:
4 küchenfertige Steinbuttfilets (à 150 g)
Salz, frisch gemahlener Pfeffer
Olivenöl und geschmacksneutrales Öl zum Braten
essbare Blüten zum Garnieren
2 Passionsfrüchte, halbiert

Für 4 Personen als Hauptgericht

Für das Lebkuchenbrot den Honig mit dem Puderzucker bei kleiner Hitze zerlassen. Die Masse abkühlen lassen, dann die Mehlsorten, die zerbröckelte Hefe, das Lebkuchengewürz sowie die Milch und das Ei einarbeiten und zu einem glatten Teig verkneten. Den Backofen auf 150 °C vorheizen. Den Teig zu einer Rolle formen, in eine gefettete Kastenform geben und 25 Minuten backen.

Die Kartoffeln in wenig Salzwasser gar kochen. Anschließend schälen und durch eine Kartoffelpresse drücken. Die übrigen Zutaten hinzufügen und mit den Händen zu einem Teig verkneten. Den Kartoffelteig zu einer Rolle mit 3 cm Durchmesser formen und diese in etwa 1,5 cm dicke Scheiben schneiden. Die Scheiben mit den Fingern rund nachformen und mit dem Gabelrücken beidseitig Rillen eindrücken. Die Galetten in kochendem Salzwasser garen, bis sie an die Oberfläche schwimmen. Mit dem Schaumlöffel herausheben und in eiskaltem Wasser abschrecken.

Für die Kruste die Mandeln in einer Pfanne rösten, ohne Farbe nehmen zu lassen. Die Butter, die Weißbrotbrösel und das ausgelöste Passionsfruchtfleisch hinzufügen und alles gründlich vermischen. Mit Salz und Pfeffer würzen. Die Masse auf Pergamentpapier streichen, mit einem zweiten Bogen Pergamentpapier belegen und dazwischen ausrollen. Das obere Papier entfernen und die Mandelmasse in vier Rechtecke von der Größe der Steinbuttfilets schneiden.

Das abgekühlte Lebkuchenbrot in 2 cm dicke Scheiben schneiden und mit einem runden Ausstecher kleine Plätzchen von 3 cm Durchmesser ausstechen. Alle für die Eiermilch angegebenen Zutaten verquirlen und die Lebkuchenplätzchen kurz darin eintauchen. Die Plätzchen in einer beschichteten Pfanne in wenig Öl beidseitig braten.

Die Steinbuttfilets mit Salz und Pfeffer würzen und in wenig Olivenöl auf beiden Seiten kurz braten. Mit der zurechtgeschnittenen Mandelkruste belegen und unter dem heißen Grill knusprig backen.

Die Kartoffel-Galetten in heißem Salzwasser noch mal erhitzen und mit den Lebkuchenbrotscheiben und den gratinierten Steinbuttfilets anrichten. Mit Blüten und den Passionsfruchthälften garnieren.

SO WIRD'S GUT!

Das Faible Olivier Streiffs, herzhaften Gerichten einen süßlichen Touch zu verleihen, spiegelt sich auch in diesem Gericht wider. Das in Eiermilch getauchte und gebackene Lebkuchenbrot erscheint sicherlich auch vielen von Ihnen ein wenig *strange*, Der Steinbutt mit der Mandelkruste ist jedoch auch ohne Lebkuchenbeilage ein Hochgenuss. Lila Kartoffeln werden in Frankreich sehr viel häufiger verwendet als bei uns. Geschmacklich gibt es keinen großen Unterschied zu unseren üblichen Kartoffeln, es ist in erster Linie ein optischer Gag.

12 violette Artischocken
Saft von 1 Zitrone
100 ml Weißwein
80 g Möhren
50 g Knollensellerie
60 g Champignons
100 g Schalotten
2 Knoblauchzehen
2 EL Olivenöl
225 ml Hühnerbrühe
1/2 Bund gemischte Kräuter (Petersilie, Basilikum, Dill, Estragon, Kerbel usw.)
1/2 Bund getrocknetes Fenchelgrün
10 Koriandersamen
grobes Meersalz
Für die Trüffelemulsion:
125 ml Artischockenfond (vom Garen der Artischocken)
15 g Butter (demi-sel)
1 TL natives Olivenöl extra
Salz
15 g Perigord-Trüffel, gehackt
Außerdem:
1 Bund Rucola
150 g Pata-Negra-Schinken, in feine Streifen geschnitten
75 g alter Parmesan, fein gehobelt
1 kleine Trüffel, geputzt

Für 4 Personen als Zwischengericht

Olivier Streiff

Violette Artischocken mit Trüffelemulsion und Streifen von Pata-Negra-Schinken

Von den Artischocken die äußeren harten Blätter und das „Heu“ im Inneren entfernen. Die Schnittflächen sofort mit Zitronensaft einreiben und die Artischocken in den mit Zitronensaft vermischten Wein legen.

Die Möhren und den Knollensellerie putzen und waschen, die Champignons putzen, die Schalotten und Knoblauchzehen schälen. Alles in kleine Würfel schneiden und im Olivenöl andünsten. Die abgetropften Artischocken dazugeben und die Hühnerbrühe angießen. Die gewaschenen frischen Kräuter, das getrocknete Fenchelgrün und den Koriandersamen hinzufügen und salzen. Das Gemüse bei kleiner Hitze 10 Minuten kochen lassen. Anschließend in ein Sieb abgießen und den Fond dabei auffangen.

Für die Trüffelemulsion 125 ml Artischockenfond etwas einkochen lassen. Mit dem Stabmixer Butter und Öl unterschlagen, mit Salz abschmecken und die Trüffelstücke dazugeben.

Den Rucola waschen. Die Artischocken noch einmal kurz im restlichen Kochfond erwärmen und jeweils 3 Artischocken in einem tiefen Teller anrichten. Die Artischocken mit der Trüffelemulsion beträufeln. Rucola, Pata-Negra-Schinken und Parmesan darüber verteilen. Die Trüffel fein darüberhobeln.

SO WIRD'S GUT!

Pata Negra, der iberische Schinken aus dem Fleisch von schwarzen Schweinen, die sich vorwiegend von Eicheln ernähren, wird zwei Jahre lang luftgetrocknet. Er ist weltweit eine der besten und auch teuersten Schinkenspezialitäten.

WEINEMPFEHLUNG

Zu den köstlichen, mit Trüffel, Schinken und Parmesan verfeinerten Artischocken ist ein Syrah mit seinem feinen Touch von edlem Barrique das i-Tüpfelchen. Seine fruchtigen Aromen erinnern an Rote und Schwarze Johannisbeeren sowie an Brombeeren.

Olivier Streiff

Entenbrüstchen mit Zimt und Vanille gespickt, süßsaurem Fenchel-Frucht-Ragout und Portweinfeigen

4 Entenbrustfilets (à etwa 200 g)
2 Zimtstangen
2 Vanillestangen
Pistazienöl zum Beträufeln

Für die Portweinfeigen:
4 violette Feigen
25 g Honig
150 ml Rotwein
100 ml Portwein
200 ml Entenfond
Mark von 1/2 Vanilleschote
3 g Zimtstange
5 g blanchierte Schale einer unbehandelten Orange

Für das Fenchel-Frucht-Ragout:
225 ml trockener Weißwein
75 g Puderzucker
1 Scheibe unbehandelte Blutorange
1 Scheibe unbehandelte Zitrone
15 g frisch geriebener Ingwer
1 g frisch gemahlene Gewürze (Sternanis, Fenchelsamen und Sichuanpfeffer)
15 ml Weißweinessig
250 g Fenchelknollen, geputzt
250 g Mangofruchtfleisch
250 g Ananasfruchtfleisch

Außerdem:
Panisse (siehe Seite 189) nach Belieben

Für 4 Personen als Hauptgericht

Die Haut der Entenbrüste mit einem scharfen Messer rautenförmig einschneiden und abwechselnd kleine Stückchen der Vanille- und Zimtstangen in die Zwischenräume stecken.

Die Feigen waschen und an der Spitze kreuzförmig einschneiden. Den Honig erhitzen und mit Rot- und Portwein ablöschen. Mit dem Entenfond aufgießen und das Vanillemark, die Zimtstange und die Orangenschale hinzufügen. Den Sud zum Kochen bringen und 1 Stunde bei kleiner Hitze ziehen lassen. Die Feigen in dem Sud wenige Minuten pochieren, herausheben und abtropfen lassen. Den Sud sirupartig einkochen.

Den Weißwein mit dem Puderzucker erhitzen und die Orangen- und Zitronenscheibe sowie den Ingwer, die Gewürze und den Essig dazugeben. Den Sirup zum Kochen bringen und 30 Minuten ziehen lassen. Den Sirup durch ein Sieb abgießen. In einem Drittel des Sirups den in grobe Stücke geschnittenen Fenchel weich kochen und danach im Mixer fein pürieren. In einem weiteren Drittel des Sirups das in Würfel geschnittene Fruchtfleisch der Mango und im restlichen Sirup das in Würfel geschnittene Ananasfruchtfleisch glasieren lassen.

Den Backofen auf 160 °C vorheizen. Die Entenbrüste in einer trocken erhitzten ofenfesten Pfanne auf der Hautseite anbraten. Die Brüste auf die Fleischseite wenden und im heißen Backofen in 15 bis 20 Minuten fertig garen. Dabei immer wieder mit dem Bratfett begießen. Zum Schluss mit einigen Tropfen Pistazienöl beträufeln.

Die Entenbrüste auf vier vorgewärmte Teller verteilen. Aus dem Fenchelpüree kleine Nocken formen und mit den glasierten Mango- und Ananaswürfeln auf den Tellern anrichten. Die Feigen dazulegen und mit dem abgekühlten Portweinsirup überziehen. Dazu reicht Olivier Streiff Panisse, das sind Knabberstangen aus Kichererbsenmehl.

WEINEMPFEHLUNG

Neben diesem Entengericht mit den fruchtigen Beigaben und den intensiven Gewürznoten muss der Wein schon Power haben, um nicht unterzugehen. Ein kräftiger Pinot Noir ist sicherlich eine gute Wahl, da er nicht nur wunderbar mit dem saftigen Entenfilet harmoniert, sondern sich auch mit der pikanten Fruchtsüße perfekt vereint.

Diese kunstvollen Schokoladenwellen sind für einen Profi-Pâtissier natürlich ganz einfach. Mir erschien das alles ziemlich aufwendig und ich meine, dass die Schnee-Eier auch auf sehr guten, gekauften Schokoladenblättern köstlich schmecken.

Olivier Streiff

Erdbeeren auf einer Schokoladenwelle mit Lavendel-Honigschnee-Eiern

Für die Schnee-Eier:
375 ml Wasser
375 ml Milch
Lavendelsamen nach Geschmack
100 g Eiweiß
80 g Zucker
20 g Honig
Für das Erdbeergelee:
200 g vollreife Erdbeeren
20 g Zucker
Saft von 1 Zitrone
1 Blatt Gelatine
4 feste große Erdbeeren
selbst zubereitete Schokoladenwellen
oder fertig gekaufte Schokoladenblätter
Génépi-Granité und -Sirup sowie
Erdbeergeleewürfel und getrocknete
Erdbeerscheiben nach Belieben

Für 4 Personen

Das Wasser mit der Milch erhitzen und die Lavendelsamen darin wenige Minuten ziehen lassen. Das Eiweiß steif schlagen. Nach und nach Zucker und Honig hinzufügen und weiterschlagen, bis sich der Zucker aufgelöst hat. Den Eischnee in einen Spritzbeutel mit glatter Lochtülle füllen und große Tupfen auf Pergamentpapier spritzen. Die Lavendelmilch durch ein Sieb abgießen und wieder erhitzen. Die Schneetupfen mithilfe des Papiers in die leicht siedende Lavendelmilch gleiten lassen und 2 Minuten pochieren. Die Schnee-Eier mit einem Schaumlöffel herausheben und auf Küchenpapier abtropfen lassen.

Für das Erdbeergelee die Erdbeeren putzen, waschen, in Scheiben schneiden, mit Zucker und Zitronensaft vermischen und im Wasserbad 1 Stunde kochen lassen. Die Masse durch ein Sieb streichen, 100 g davon abmessen und mit der kalt eingeweichten und warm aufgelösten Gelatine verrühren.

Die 4 Erdbeeren in gleichmäßige, dickere Scheiben schneiden und mit dem Erdbeergelee überziehen. Erstarren lassen.

Die Schnee-Eier und die glasierten Erdbeeren auf den selbst zubereiteten Schokoladenwellen oder fertig gekauften Schokoladenblättern anrichten. Zum Schluss ergänzt Olivier Streiff das Dessert mit einem Granité aus Génépi und garniert den Teller mit einigen Tropfen Génépi-Sirup, Erdbeergeleewürfeln und getrockneten Erdbeerscheiben.

SO WIRD'S GUT!

Das Génépi-Granité bereitet er aus Wasser, Sirup und Génépi zu, einem wilden Gewürzkraut, das nur in dieser Gegend wächst. Das Dessert schmeckt aber auch ohne Granité sehr gut. Oder Sie genießen es mit einem Zitronensorbet, verfeinert mit frisch gehackter Minze.
Witzig und ganz einfach sind die getrockneten Erdbeerscheiben. Dafür Erdbeeren in Scheiben schneiden, zwischen zwei Bögen Pergamentpapier legen und im 120 °C warmen Backofen etwa 45 Minuten trocknen lassen.

Was macht einen jungen Kochmagier wie diesen so selbstbewusst? Woher nimmt er die schlafwandlerische Gewissheit, dass betuchte Gourmets nicht nur exzellenten Geschmack zu schätzen, sondern auch Teller-Gemälde à la Streiff zu honorieren wissen? Ist das „Eingebung“, wie er sagt, oder vielleicht doch nur werbewirksame Floskel, wenn Olivier von der „Ausbalanciertheit“ der Komposition spricht, die dem Gleichgewicht des Lebens entspräche? Mir fällt dazu ein Weltstar ein – Leonard Bernstein: „Ich kann Ihnen nur raten: Hängen auch Sie Ihr ganzes Herz an die Arbeit.“ Das von Olivier baumelt dort schon Zeit seines Lebens.

So jung Olivier Streiff auch ist, sein Leben birgt diese Kaskade von Cuisine-Erfahrung, aus der er unablässig schöpfen kann. Geboren in Metz bei Saarbrücken. Und das Essen in Saarbrücken? „Kein Kommentar.“ Aber das, was seine Mutter elsass-lothringisch kocht, das mag er schon sehr gerne. Irgendwann sei er aus der Schule gekommen, erzählt seine Mutter, und er hätte gesagt, dass er Koch werden wolle. Mein Gott, Koch! Niemand in der Familie war Koch!

Also gut. Aber er würde sich eine Stelle suchen, wo er experimentieren dürfe. Was bekanntlich für Lehrlinge nicht leicht zu ergattern ist. Doch eine Lücke gab es: Olivier lernte Diätkoch in einer Krankenhausküche und da durfte er! Anschließend kam dann das, was er als „technische Basis“ bezeichnet. Etliche edle Koch-Stationen, zuletzt Sous-Chef im La Chèvre d'Or in Eze. Seine Philosophie der Streiff-Küche hatte er längst entwickelt, doch umsetzen konnte er sie erst, als er Küchenchef im „Le Vistaero" im Vista Palace in Monaco wurde. Er glaubt an Schicksal.

Was er nicht mag? Außer Konformismus – Seeigel und Knoblauch. Letzteres scheint etwas ungewöhnlich für einen Franzosen, aber da schließt er so etwas wie einen Kompromiss, denn in Form von Knoblauch-Chips schmecken sie ihm. Könnte ihm das Feinde einbringen, in Frankreich, dem knoblauch-konservativen Land? „Ich bin nicht materialistisch und habe auch keine Angst. Meine Küche ist eine Instinkt-Küche. Und dazu stehe ich – ohne Kompromisse.“ Genau das scheint er zu suchen – ebenso instinktiv – der Geldadel von Monte Carlo. Sie kommen wegen ihm, wegen Olivier Streiff, auch die konventionellen Gäste können etwas anfangen mit dieser neuen Generation von jungen Köchen, die gespannt ständig Neuland entdecken. Aber natürlich gibt es sie auch, die Nörgler, die Oliviers Küche ablehnen, weil sie fremdartig, eben anders ist und ausschaut wie ein Gemälde von Miro. Das verletzt ihn. Vorurteile sind ihm zuwider. Doch er tröstet sich frei nach Churchill: „Ich muss nicht von allen geliebt werden.“ Da schimmert sie wieder auf, die Lust an der Einsamkeit. „Ich mag die gute Seite der Traurigkeit. Da entstehen die besten Lieder, die besten Gerichte.“ Das wäre schon *superbe*, wenn sie mal zu ihm kämen, zum Diner, seine Götter der Melancholie: Also, die Herren von Depeche Mode, von Indochine oder Placebo sind herzlich eingeladen!

Und natürlich noch die abschließende Frage nach seinem persönlichen Leitspruch. Wer hätte das gedacht – Olivier zitiert Jim Morrisson: „Der Weg der Geschwindigkeit führt einen zum Palast der Bewusstheit.“ Gäbe es da vielleicht noch etwas zu erläutern? „Wenn man realisiert, dass man sterblich ist, beginnt man bewusst zu leben."

VIVRE SA PROPRE VIE.

GLOSSAR

Aïoli Knoblauchmayonnaise, die man an der französischen Mittelmeerküste zu Fisch reicht. Meist wird sie aus aus Olivenöl, Knoblauch, gekochten Kartoffeln und Zitronensaft zubereitet.

Abgebranntes Tomatenmark Tomatenmark so lange in einem Topf bei kleiner Hitze rühren, bis es völlig trocken ist.

Bardieren Geflügel oder Wild mit Speckscheiben umwickeln.

Beignets Ganze Früchte oder Fruchtstücke werden in flüssigen Teig getaucht und im heißen Fett schwimmend ausgebacken.

Bissfest garen Lebensmittel (Gemüse, Pasta) so kochen, dass sie in der Mitte noch Biss haben.

Blanchieren Kurzes Kochen in Salzwasser. Wird vor allem bei Gemüse angewendet, um Vitamine und Farbe optimal zu erhalten. Anschließend unbedingt mit eiskaltem Wasser abschrecken.

Brandarde Ein cremiges Püree aus gekochten Kartoffeln und Stockfisch, das man vor allem in Südfrankreich schätzt. Heute nehmen Köche auch mal andere Fische, wie beispielsweise Rotbarbe.

Corail Der Rogen weiblicher Krusten- und Schaltiere. Besonders auffallend ist der leuchtende rote Corail der Jakobsmuscheln.

Essenz Stark eingekochte Brühe.

Farce Fleisch, Fisch oder Meeresfrüchte – fein gemixt oder durchgedreht. Mit Sahne verarbeitet kann eine Farce als Füllung für vielerlei Gerichte verwendet werden.

Fond Extrakt, der beim Kochen von Fleisch, Fisch und Gemüse entsteht und als Basis für viele Saucen verwendet wird.

Fumet Andere Bezeichnung für Fischfond.

Fleur de sel Die „Blume des Salzes“ ist ein sehr seltenes Meersalz aus Frankreich oder Portugal (Flor de sal), das sich durch das Zusammenwirken von Sonne und Wind an der Wasseroberfläche der Salinen bildet und von Hand geerntet wird. Dieses kostbare Salz bleibt immer etwas feucht und ist sehr würzig und aromatisch.

Fregola Eine Pastasorte mit ganz charakteristischem Geschmack. Die kleinen Kügelchen werden auch heute noch vorwiegend von Hand hergestellt und dann im Ofen geröstet. Es gibt sie in kleiner, mittlerer und großer Körnung, dementsprechend unterschiedlich sind Festigkeit und Verwendungsmöglichkeiten. Gerichte mit Fregola findet man häufig auf Sardinien.

Ganache Konditorcreme aus Butter, Crème fraîche und Schokolade, zum Füllen von Kuchen.

Gariguette-Erdbeeren Erdbeersorte aus den Landes (Frankreich), die besonders festfleischig und aromatisch ist.

Gianduja Eine besonders aromatische Schokoladenmasse mit fein gemahlenen Nüssen. Bestandteil sehr guter Pralinen. Pâtissiers bereiten damit auch köstliche Desserts zu.

Gnocchi Italienische Bezeichnung für kleine Nocken aus Kartoffeln, Grieß oder Polenta, die meist in Salzwasser gegart und dann in Butter geschwenkt oder mit Käse überbacken werden.

Galettes Kleine Crêpes, bei denen ein Teil des Mehls durch Buchweizenmehl ersetzt wird. Typisches Gericht in der Bretagne. Mancherorts auch die Bezeichnung für Gnocchi.

Harissa Eine scharfe Gewürzmischung aus Pfefferschoten, Knoblauch, Kreuzkümmel und anderen exotischen Gewürzen.

Jus Konzentrierter brauner Fond oder der reine Bratensaft.

Julienne Bezeichnung für sehr fein geschnittene Gemüsestreifen von Streichholzlänge.

Karkassen Bezeichnung für das Knochengerüst von Geflügel oder die Schalen von Krustentieren.

Millefeuille Die französische Bezeichnung für Blätterteig.

Noilly Prat Sehr trockener französischer Vermouth, der ideal ist zum Abschmecken von Fischsaucen und Fischfonds.

Nussbutter Zerlassene Butter, die durch ein feines Sieb gegossen und erneut erhitzt wird, bis sie goldbraun oder nussfarbig ist.

Pata Negra Exzellente, besonders aromatische spanische Schinkenspezialität einer speziellen Schweinerasse, die nur in freier Natur lebt und sich vorwiegend von Eicheln ernährt.

Parüren Abschnitte (Haut, Sehnen und Fett), die beim Zurechtschneiden (Parieren) von Fleisch und Fisch entstehen. Sie werden für die Herstellung von Saucen und Fonds verwendet.

Passepiere-Algen (Queller) Das leuchtend grüne Meergemüse wächst auf Salzwiesen, schmeckt knackig-frisch und ist zart und sehr eiweißreich.

Passiertuch Feines Gazetuch, das man in ein Sieb legt, um auch die allerfeinsten festen Bestandteile zurückzuhalten.

Pistou Frische Basilikumblätter werden mit Olivenöl und Salz fein gemixt. Mit dem aromatischen Öl würzt man in Südfrankreich viele Speisen.

Pochieren Garziehen in leicht siedender Flüssigkeit.

Poveraden Eine kleine und aromatische Artischockensorte.

Pulpo Eine Oktopus-Spezies, die vor allem an den felsigen Atlantik- und Mittelmeerküsten lebt.

Sablé Französisches Mürbeteiggebäck.

Spiegel gießen Formen mit einer Aspikflüssigkeit ausgießen, aber auch Teller mit Saucen begießen, bevor das Gericht darauf angerichtet wird.

Sautieren Rasches, kurzes Anbraten unter Schwenken der Pfanne.

Sichuanpfeffer Rote, scharf-würzige, an Anis erinnernde Beeren einer Varietät des Gelbholzbaumes, die ähnlich wie Pfeffer verwendet werden.

Tonkabohnen Eine süß-aromatische, an Vanille und Mandeln erinnernde Bohne, die aus Venezuela und Nigeria kommt und die man zum Aromatisieren von Süßspeisen verwendet.

Velouté Eine weiße Sauce, die die Basis für viele Geflügel-, Kalbfleisch- und Gemüsegerichte bildet.

Wasabi Scharfer grüner japanischer Meerrettich, als Paste oder in Pulverform erhältlich.

Zesten Feinste Streifen von Zitrusschalen, die man am besten mit einem speziellen Zestenreißer abschält.

Zur Rose abziehen Eine cremige Mischung aus Sahne, Milch und Eigelb, die so lange unter ständigem Schlagen kurz unter dem Siedepunkt gehalten wird, bis sie auf dem Kochlöffelrücken haften bleibt. Bläst man darauf, bildet sich ein Kringel in Form einer Rose.

Foto nachfolgende Doppelseite: Hans Sobotka, Bernhard Diers, Dieter Müller, Nils Henkel, Thomas H. Althoff, Thierry Thiercelin, Olivier Streiff, Joachim Wissler (von links nach rechts).

GRUNDREZEPTE

Hier finden Sie einige Basisrezepte, die die sechs Starköche in ihren Kreationen verarbeiten. Diese Grundrezepte können Sie natürlich auch für andere Gerichte verwenden. Wichtig ist nur, dass Sie ausschließlich Produkte von allerbester Qualität nehmen, denn sonst ist alle Mühe vergebens.

Dieter Müller

Gewürzlachs

300 g grobes Meersalz
200 g brauner Zucker
8 g schwarze Pfefferkörner
8 g Senfkörner
2 Gewürznelken
6 g Pimentkörner
5 g Thymianblätter
10 g Fenchelsamen
2 Lorbeerblätter
8 g Wacholderbeeren
10 g Sternanis
8 g Korianderkörner
etwa 800 g Lachsfilet vom Wildwasserlachs (1/2 Lachsseite)

Für die Lachsbeize Salz und alle Gewürze in einem Universalzerhacker kurz mixen. Das Lachsfilet waschen, trockentupfen, mit der Salz-Gewürz-Mischung bestreuen und die Beize leicht einreiben. Das Filet mit Frischhaltefolie umhüllen und über Nacht kühl stellen.

Am nächsten Tag das Lachsfilet mit kaltem Wasser abspülen, trockentupfen und in Scheiben oder Rechtecke schneiden. In Frischhaltefolie gehüllt hält es sich im Kühlschrank zwei bis drei Tage.

Dieter Müller

Korianderöl

200 ml Olivenöl
1/2 Bund Koriander
1/2 Bund Petersilie
Meersalz

Das Olivenöl mit den gewaschenen und grob geschnittenen Kräutern sowie Meersalz pürieren. Das Püree durch ein feines Sieb streichen und das abtropfende Öl in eine Flasche füllen. Im Kühlschrank aufbewahren.
Dieses Würzöl verleiht vielen Gerichten einen frischen fernöstlichen Touch.

Dieter Müller

Rahm-Polenta

1 kleine Schalotte
1/4 Knoblauchzehe
Olivenöl
50 g Sahne
100 ml Geflügelfond
1 Thymianzweig
1 Rosmarinzweig
1 Messerspitze gemahlener Safran
Salz, frisch gemahlener Pfeffer
30 g Polentagrieß
1 EL Maiskörner, gegart und gehackt
etwas geschlagene Sahne

Die Schalotte schälen, in grobe Stücke schneiden und mit dem geschälten Knoblauch kurz in etwas Olivenöl andünsten. Die Sahne und den Geflügelfond sowie die gewaschenen Kräuter, Safran, Salz und Pfeffer dazugeben, aufkochen lassen und etwa 10 Minuten bei kleiner Hitze ziehen lassen. Die Sahne durch ein feines Sieb abgießen, erneut aufkochen und den Polentagrieß unterrühren. Die Polenta bei abgeschalteter Herdplatte unter gelegentlichem Umrühren 30 Minuten quellen lassen. Zum Schluss die Maiskörner und etwas geschlagene Sahne unterrühren. Mit Salz und Pfeffer würzig abschmecken.

Dieter Müller

Gewürzzwiebeln

2 rote Zwiebeln
200 ml Banyuls (franz. Süßwein)
Meersalz, Zucker
grüne Anissamen, Korianderkörner, Pfefferkörner, Pimentkörner
100 ml natives Olivenöl extra
einige Lavendel-, Thymian- und Rosmarinblätter

Die Zwiebeln schälen und in 5 mm dicke Scheiben schneiden. Den Backofen auf 200 °C vorheizen. Den Banyuls mit Meersalz, Zucker und Gewürzen aufkochen und 5 Minuten ziehen lassen. Dann das Olivenöl hinzufügen. Die Zwiebelscheiben in eine flache Kasserolle geben, mit dem Fond bedecken und etwa 25 Minuten im heißen Ofen schmoren lassen.

Dieter Müller
Zwiebel-Confit

100 g weiße Zwiebeln
Meersalz
40 ml Erdnussöl
50 ml Weißwein (halbtrocken)
50 ml weißer Portwein
50 ml Noilly Prat
Zucker, frisch gemahlener Pfeffer
1 TL Erdnusspüree
2 EL Erdnüsse (gesalzen)

Die Zwiebeln schälen, in Würfel schneiden, in Salzwasser blanchieren und abtropfen lassen. Anschließend in 20 ml Erdnussöl andünsten, mit Weißwein, Portwein und Noilly Prat ablöschen. Bei kleiner Hitze weich kochen und mit Salz, Zucker, Pfeffer, Erdnusspüree und dem übrigen Erdnussöl abschmecken. Kurz vor dem Servieren die gehackten Erdnüsse unterheben.

Dieter Müller
Geflügel-Farce

100 g Poularden- oder Hähnchenbrustfleisch (ohne Haut)
30 g Gänsestopfleber
Salz, frisch gemahlener weißer Pfeffer
100 g Sahne
2 cl weißer Portwein

Das Poulardenbrustfleisch und die Gänsestopfleber klein schneiden und mit Salz und Pfeffer würzen. Diese Mischung sowie die Sahne in das Tiefkühlgerät geben und leicht anfrieren lassen. Die Fleisch-Leber-Mischung zusammen mit der Sahne im Mixer zu einer glatten, leicht glänzenden Farce verarbeiten. Die Farce etwa 15 Minuten kühl stellen, durch ein feines Sieb streichen und mit Portwein und, falls nötig, mit Salz abschmecken. Blanchierter, gut ausgedrückter Spinat, Petersilie oder Kerbel geben der Farce eine schöne grüne Farbe.

Dieter Müller
Mandel-Hippen

50 g Butter
50 g Zucker
50 g Mandelgrieß
1 Ei

Den Backofen auf 180 °C vorheizen. Alle Zutaten miteinander verrühren, sehr dünn auf eine Silikonmatte streichen und im Ofen in wenigen Minuten goldgelb backen.

Dieter Müller
Ingwer-Soja-Dip

100 g Schalotten
1 EL geschmacksneutrales Öl
100 g Ingwer, geschält
100 ml Limettensaft
150 ml Sojasauce
1 Messerspitze Speisestärke
100 g Nussbutter
50 ml Pinienkernöl
Salz, brauner Zucker

Die Schalotten schälen, in kleine Würfel schneiden und im Öl glasig braten. Den Ingwer fein reiben, mit Limettensaft und Sojasauce verrühren und zu den Zwiebeln geben. Die Mischung aufkochen lassen und die mit wenig kaltem Wasser angerührte Speisestärke unterrühren. Die Nussbutter und das Pinienkernöl hinzufügen und die Mischung mit dem Stabmixer sehr fein pürieren. Den Dip mit Salz und Zucker abschmecken.

Joachim Wissler
Liebstöckel-Vinaigrette

2 mittelgroße Kartoffeln
100 ml Traubenkernöl
2 Schalotten
6–8 EL Weißwein- oder Apfelessig
500 ml Geflügelbrühe
1 Knoblauchzehe
1/2 Lorbeerblatt
wenig Meaux-Senf
Salz, Zucker
frisch gemahlener Pfeffer
3 EL glatte Petersilie, fein gehackt
1 EL Liebstöckel, fein gehackt

Die Kartoffeln waschen, schälen, in Würfel schneiden und in wenig Traubenkernöl rundherum anbraten. Die Schalotten schälen, in Würfel schneiden und zu den Kartoffeln geben. Wenige Minuten farblos andünsten, dann mit dem Essig und der Brühe ablöschen und die geschälte und grob gehackte Knoblauchzehe sowie das Lorbeerblatt untermischen. Die Flüssigkeit bei kleiner Hitze auf ein Viertel einkochen lassen. Diese Reduktion durch ein feines Sieb streichen und mit Senf, Salz, Zucker und Pfeffer würzig abschmecken. Nach und nach das restliche Traubenkernöl unterschlagen und die Kräuter untermischen. Eventuell noch mal abschmecken. Die Vinaigrette in eine Flasche füllen und im Kühlschrank aufbewahren.

Joachim Wissler
Champagner-Vinaigrette

1 Schalotte
4 Champignons
30 g Staudensellerie
1 EL Olivenöl
30 ml Champagneressig
30 ml weißer Traubensaft
5 zerdrückte Pfefferkörner
1 frisches Lorbeerblatt
1 Thymianzweig
1 TL Dijon-Senf
50 ml Champagner
150 ml natives Olivenöl extra
100 ml Traubenkernöl
1 Estragonstängel
1 Petersilienstängel
etwas Limettensaft
Salz, Zucker

Die Schalotte schälen, die Champignons putzen und beides mit dem gewaschenen Sellerie in kleine Würfel schneiden. Alles im Olivenöl andünsten ohne Farbe nehmen zu lassen. Den Champagneressig, den Traubensaft, die Pfefferkörner, das Lorbeerblatt und den gewaschenen Thymianzweig dazugeben und auf die Hälfte einkochen lassen. Die Flüssigkeit durch ein feines Sieb abgießen.

Den Senf und den Champagner unterrühren und unter weiterem Rühren das Oliven- und Traubenkernöl dazugießen. Die gewaschenen Kräuterstängel einlegen und mit Limettensaft, Salz und Zucker abschmecken. Nach 1 Stunde die Kräuterzweige herausfischen und die Vinaigrette bis zum Gebrauch kalt stellen.

Joachim Wissler
Nudelteig

170 g Eigelb (von 8–9 Eiern)
1 EL Olivenöl
1 EL Wasser
5 g Salz
250 g feiner italienischer Hartweizengrieß (Semola)

Die Eigelbe mit Olivenöl, Wasser und Salz verquirlen. Den Weizengrieß in eine Küchenmaschine mit Knethaken geben, die Eimischung hinzufügen und in etwa 10 Minuten zu einem glatten Teig verarbeiten. Der Teig sollte einen leichten Glanz haben und darf nicht an den Fingern kleben. Den Nudelteig vor dem Weiterverarbeiten mit Frischhaltefolie umhüllt mindestens 1 Stunde im Kühlschrank ruhen lassen.

Bernhard Diers
Getrocknete Tomaten

10 reife Fleischtomaten
einige EL Olivenöl
3 Rosmarinzweige
3 Thymianzweige
4 kleine Knoblauchzehen, geschält
Salz, frisch gemahlener Pfeffer
Puderzucker

Die Tomaten kurz in kochendes Wasser tauchen, häuten, vierteln, entkernen und nebeneinander auf mit Olivenöl bestrichenes Backblech legen. Den Backofen auf 90 °C vorheizen.

Die Kräuter waschen, die Blätter abstreifen und mit den Knoblauchzehen fein hacken. Die Mischung über den Tomaten verteilen. Mit Salz, Pfeffer und etwas Puderzucker würzen und im warmen Ofen 2 bis 3 Stunden bei leicht geöffneter Tür trocknen lassen.

Bernhard Diers
Getrocknete Cocktailtomaten

500 g Cocktailtomaten
einige EL Olivenöl
1 TL Rosmarin, fein gehackt
1 TL Thymian, fein gehackt
1 Knoblauchzehe, fein gerieben

Die Cocktailtomaten kurz in kochendes Wasser tauchen, häuten und auf ein mit Olivenöl bestrichenes Backblech legen. Mit den Kräutern und dem Knoblauch bestreuen und im 90 °C warmen Backofen bei leicht geöffneter Tür etwa 2 bis 3 Stunden trocknen lassen.

Bernhard Diers
Pinienkern-Pesto

100 g geröstete Pinienkerne
20 große Basilikumblätter
2 EL Balsamico-Creme (oder reduzierten, leicht gesüßten Balsamico)
20 ml bestes Pinienkernöl
60 ml natives Olivenöl extra
1 EL frisch geriebener Parmesan
Salz, frisch gemahlener Pfeffer

Alle Zutaten in einen hohen Becher geben und mit dem Stabmixer zu einer cremigen Masse pürieren. Der Pesto hält sich in einem Schraubglas gekühlt mehrere Tage.

Bernhard Diers
Würzlachs

10 weiße Pfefferkörner
10 schwarze Pfefferkörner
10 Pimentkörner
1 Sternanis
2 Gewürznelken
1/2 TL Senfkörner
1/2 TL Korianderkörner
30 g Zucker
30 g Salz
15 g Pökelsalz
7 Dillstängel
300 g Lachsfilet

Die Gewürze im Mixer zerkleinern, den Dill waschen, grob schneiden und unter die Gewürze mischen. Die Hälfte dieser Würzmischung auf einem Backblech verteilen, das gewaschene und trockengetupfte Lachsfilet darauf legen und die restliche Würzmischung darauf verteilen und gut festdrücken. Das Lachsfilet mit einem Brett und einem Gewicht beschweren. 12 Stunden an einem kühlen Ort marinieren, dann das Filet wenden und weitere 12 Stunden marinieren.

Den Lachs mit kaltem Wasser abspülen und trockentupfen. Je nach Verwendung in dünne Scheiben und Stücke schneiden.

Bernhard Diers
Kürbiskernblätter

100 g Kürbiskerne
100 ml Läuterzucker (aus 100 ml Wasser
und 60 g Zucker)

Die Kürbiskerne in einer Pfanne trocken rösten. Den Backofen auf 180 °C vorheizen. Die abgekühlten Kürbiskerne im Mixer sehr fein zerhacken. In eine Schüssel geben und den Läuterzucker nach und nach unterrühren. Die Masse in dreieckige Schablonen auf ein mit Backpapier ausgelegtes Backblech streichen und im heißen Ofen in 4 bis 6 Minuten knusprig backen. Die Kürbiskernblätter dürfen keinesfalls bräunen, da sie sonst bitter schmecken.

Bernhard Diers
Farbige Nudelteige

Roter Nudelteig:
300 g Weizenmehl, gesiebt
100 g Hartweizengrieß
175 g Eier
900 g abgebranntes Tomatenmark (siehe Seite 180)
10 g Salz

Schwarzer Nudelteig:
300 g Weizenmehl, gesiebt
100 g Hartweizengrieß
200 g Eier
10 g Salz
2 Beutelchen Sepiafarbe

Gelber Nudelteig:
300 g Weizenmehl, gesiebt
100 g Hartweizengrieß
200 g Eier
2 g gemahlener Safran
10 g Salz

Grüner Nudelteig:
300 g Weizenmehl, gesiebt
100 g Hartweizengrieß
125 g Eier
75 g Spinat, fein püriert
10 g Salz

Die Zutaten für jeden Nudelteig jeweils in eine Rührschüssel geben und mit den Knethaken der Küchenmaschine so lange durchkneten, bis ein glatter Teig entstanden ist. Den Teig noch einmal kurz von Hand durchkneten und mit Frischhaltefolie umhüllt 1 Stunde kühl stellen.

Bernhard Diers
Anis-Hippen

50 g Puderzucker
50 g Mehl
50 g Eiweiß
50 g Nussbutter (braune Butter)
1/2 EL Anissamen

Puderzucker und Mehl miteinander sieben und mit dem Eiweiß verrühren. Die lauwarme Nussbutter unterrühren und die Mischung zu einem geschmeidigen Teig verarbeiten.

Den Backofen auf 160 °C vorheizen. Ein Backblech mit Backpapier oder einer Silikonmatte belegen. Aus der Buttermasse gleichmäßig dünne runde Plätzchen mit einer Palette aufstreichen und mit Anissamen bestreuen. Die Plätzchen in etwa 4 Minuten goldgelb backen. Besonders gleichmäßig werden die Hippen, wenn man den Teig in Schablonen streicht.

Bernhard Diers

Ingwerkrusteln

etwa 1 l Milch
120 g Ingwer, gerieben
5 g unbehandelte Orangenschale
5 g unbehandelte Zitronenschale
12 g Zitronengras, fein geschnitten
200 g Zucker
80 g Vanillepuddingpulver
8 Eigelb
10 g Mehl
etwa 100 g Kokosflocken
50 g Butter

1 l Milch mit dem Ingwer, den Zitrusschalen, dem Zitronengras und 150 g Zucker aufkochen und zugedeckt 45 Minuten bei kleiner Hitze ziehen lassen. Dann die Mischung durch ein feines Sieb streichen und den Kochverlust mit Milch auf 1 l auffüllen.

Das Vanillepuddingpulver mit dem übrigen Zucker, den Eigelben und dem Mehl verrühren und unter die Milchmischung geben. Unter Rühren kurz aufkochen lassen. Die Mischung 3 bis 4 mm dick auf ein Backblech streichen und abkühlen lassen.

Die abgekühlte Ingwermasse in Quadrate oder Dreiecke schneiden und in Kokosflocken wenden. In der erhitzten Butter auf beiden Seiten goldgelb backen und sofort genießen.

Hans Sobotka

Gewürzöl

1 g gemahlener Safran
2 Sternanis
4 Knoblauchzehen, geschält
2 EL Sichuanpfeffer
Schale von 4 Limetten
20 g Ingwer, frisch gerieben
10 g Korianderkörner
5 g Fenchelsamen (getrocknet)
1 l Olivenöl

Alle Zutaten in eine Flasche geben, das Olivenöl dazugießen und die Flasche mit einem Kork oder Schraubverschluss verschließen. An einem warmen Platz etwa 1 Tag durchziehen lassen, dabei gelegentlich schütteln. Das Gewürzöl hält sich viele Wochen und verleiht zahlreichen Gerichten eine besondere Raffinesse.

Hans Sobotka

Englische Creme

200 g Sahne
200 ml Milch
1 Prise Zucker
3 Eigelb

Sahne und Milch mit dem Zucker zum Kochen bringen. Die Eigelbe verquirlen und die heiße Sahnemilch langsam unter ständigem Schlagen mit einem Schneebesen dazugeben. Die Ei-Sahne-Milch bei kleiner Hitze zur Rose abziehen. Die Mischung darf dabei auf keinen Fall kochen, sonst gerinnt die Creme.
Wer nicht so geübt im Kochen ist, schlägt die Creme am besten über einem Wasserbad dickcremig. Anschließend die Creme durch ein feines Sieb streichen und unter gelegentlichem Umrühren abkühlen lassen.

Thierry Thiercelin

Knoblauchpüree

300 g Knoblauchzehen
300 ml Olivenöl

Die Knoblauchzehen schälen, in einen Topf geben und mit dem Olivenöl begießen. Erhitzen und bei kleiner Hitze 45 Minuten kochen lassen. Die Knoblauchzehen über Nacht abkühlen lassen und am nächsten Tag ohne Öl durch ein Sieb streichen.

Thierry Thiercelin

Fischfond

1 kg kleine Mittelmeerfische
100 ml Olivenöl
1 l Wasser
300 g Tomaten, gewaschen und grob zerkleinert
50 g Knoblauch, geschält
100 g Zwiebeln, geschält und grob zerkleinert
100 g Fenchelknolle, gewaschen und grob zerkleinert
getrocknete Fenchelsamen
3 Thymianzweige, gewaschen
3 g gemahlener Safran

Die Fische nicht ausnehmen und nicht waschen. Das Olivenöl erhitzen und die Fische darin anbraten. Die übrigen Zutaten hinzugeben, mit Wasser bedecken und 30 Minuten ohne Deckel bei kleiner Hitze kochen lassen. Durch ein Sieb oder eine Flotte Lotte passieren.

Thierry Thiercelin

Kalbsfond

500 g Bauchfleisch vom Kalb
100 g Karotten
100 g Zwiebeln
50 ml geschmacksneutrales Öl
1 großer Thymianzweig
30 g kalte Butter

Das Fleisch sowie die geschälten Karotten und Zwiebeln in grobe Stücke schneiden und im Öl anbraten. Den gewaschenen Thymianzweig dazugeben, mit kaltem Wasser bedecken und bei kleiner Hitze 2 Stunden kochen lassen. Den Fond durch ein Sieb abgießen und auf etwa die Hälfte einkochen lassen. Die Butter in kleinen Stücken unterrühren.

Olivier Streiff

Panisse (Kichererbsenstangen)

400 g Kichererbsenmehl
25 ml Olivenöl
Salz, Sichuan-Pfeffer
400 ml kaltes Wasser oder Hühnerbrühe
800 ml lauwarmes Wasser oder Hühnerbrühe
Olivenöl zum Frittieren

Das Kichererbsenmehl mit dem Olivenöl, Salz und Pfeffer in einen Topf geben und mit dem kalten Wasser oder der kalten Hühnerbrühe verrühren. Das lauwarme Wasser oder die Brühe unterrühren und die Mischung 10 Minuten unter Rühren kochen lassen. Die Masse etwa 3 bis 4 mm dick auf ein Backblech streichen und abkühlen lassen. Anschließend in etwa 12 cm lange Streifen schneiden und im 180 °C heißen Olivenöl goldbraun frittieren.

Olivier Streiff

Vanilleöl

Mark von 1/2 Vanilleschote
30 ml Olivenöl
5 ml Mandelöl
5 ml Pistazienöl
einige Tropfen Haselnussöl

Das Vanillemark mit den Ölen vermischen. Das Vanilleöl in eine Flasche füllen und mindestens 24 Stunden durchziehen lassen.

REZEPT-REGISTER

Anis-Hippen 187
Apfel, Karamellisierter Granny-Smith-Apfel mit Bananenkuchen 150
Basilikum-Risotto mit Nocken von Branzino, Tomaten und Auberginen 114
Cannelloni, Knusper-Cannelloni mit Kresse-Mousse 26
Cappuccino von Curry und Zitronengras mit gebackener Jakobsmuschel 21
Champagner-Vinaigrette 186
Chapon in der Salzkruste mit Zucchini und Kartoffelnocken 140
Delice von Buttermilch und Salatgurke mit Würzlachs und Flädle-Paprika-Millefeuille 84
Englische Creme 188
Entenbrüstchen mit Zimt und Vanille gespickt, süßsaurem Fenchel-Frucht-Ragout und Portweinfeigen 175
Erdbeer-Cocktail Ivoire 92
Erdbeerdessert 64
Erdbeeren auf bretonischem Sablé mit Gianduja-Creme und Sauerrahm-Rhabarber-Eis 36
Erdbeeren auf einer Schokoladenwelle mit Lavendel-Honigschnee-Eiern 176
Fischfond 189
Frikassee von Hummer, Seezunge und Spargel mit neuen Kartoffeln 86
Ganache von Valrhona-Schokolade mit rosa Pfeffereis und Brombeer-Balsamico-Kompott 116
Garnelen, Gebratene Garnelen und Garnelen-Tatar mit Frucht- und Gemüse-Mousse auf Kichererbsenplätzchen 170
Geflügel-Farce 185
Gemüse-Millefeuille: Kandierte Gemüse-Millefeuille mit Thymian und Knoblauch-Chips 164
Gemüsesalat, Bunter Gemüsesalat zwischen zwei Brotscheiben 132
Gemüsetatar mit Artischockensalat auf gebratenen Teigblättern 128
Getrocknete Cocktailtomaten 186
Getrocknete Tomaten 186
Gewürzlachs 184
Gewürzöl 188
Gewürzzwiebeln 184
Hummer mit Kohlrabi süßsauer 112
Ingwerkrusteln 188
Ingwer-Soja-Dip 185
Kaisergranate mit sautierter Melone, Chorizo-Essenz und Fencheleis 108
Kalbsfond 189
Kalbskopf mit Feldsalat und Kartoffel-Liebstöckel-Marinade 60
Kalbskoteletts mit Rhabarber gefüllt und Polenta 146
Kaninchenfilets im Pancetta-Mantel mit Pfifferlingen und Erbsen 147
Kaninchen-Rosmarinspieß mit Artischocken und getrockneten Cocktailtomaten 76
Knoblauchpüree 188
Korianderöl 184
Kresse-Mousse, Knusper-Cannelloni mit Kresse-Mousse 26
Kürbiskernblätter 187
Lachs-Mousse für Knusper-Cannelloni 27
Langoustine royale mit grünem Spargel-Sauté und weißem Pfirsich 55
Langoustine mit Gewürzzwiebel-Wan-Tan und Koriander-Olivenöl-Emulsion 32
Lasagne mit Tomaten und Blattspinat mit Bärlauchsauce 90
Liebstöckel-Vinaigrette 185
Limettencreme mit Karamelleis, Zitrussauce und Ingwerkrusteln 94
Maibockrücken mit Olivenkrokant, Mousseron-Pilzen, Limetten-Spitzkohl-Gemüse und Topinambur 58
Mandel-Hippen 185
Melone, Variationen von Melone 82
Melonenkaltschale mit bretonischem Hummer und Hummer-Eis 20
Nudelteig 186
Nudelteige, Farbige Nudelteige 187
Panisse (Kichererbsenstangen) 189
Pinienkern-Pesto 186
Rahm-Polenta 184
Rascasse in Gewürzöl mit Tintenfischsauce und knusprigen Kartoffelgnocchi 110
Ravioli von Treviso-Radicchio mit Wintertrüffeln und Parmesan-Velouté 52
Reh-Tortelli auf Ziegenkäsesauce mit Spinat und Sommertrüffel 115
Rhabarber-Soufflé mit Mascarpone-Eis 62
Risotto, Vialone-Nano-Risotto mit Nougat, Bourbon-Vanilleöl und gehobeltem Parmesan 160
Riviera-Salat mit Thunfisch 104
Rotbarbenfilets mit Brandade, Pistou und Ratatouille 142
Saltimbocca und mariniertes Filet von bretonischer Makrele auf Gartengurken mit Trauben-Senf-Eis 30
Sardellen, Marinierte Sardellen mit Salat von Oktopus, Pinienkernen und Mandeln 141
Seeteufel, Gebratener Seeteufel mit Zitrus-Fumet auf Sauté von Melonen 28
Seezunge mit Limette und Passepiere, Fregola mit Oktopus 106
Sommeraustern mit Radieschen und Sojasprossen in grüner Apfelcreme 61
Spargelsuppe mit pochiertem Ei und Imperial-Kaviar 78
Steinbutt, Filet vom Steinbutt mit Mandelkruste, Kartoffel-Galetten, Lebkuchenbrot 172
Steinbuttfilet mit Staudensellerie-Schuppen auf Safran-Estragon-Fumet 16
Suppe, Aufgeschäumte Suppe mit Sommergemüse 137
Tagliatelle, Frische Tagliatelle mit Perigord-Trüffel und Passionsfruchtcreme 163
Taube und Stubenküken im Mais-Biskuit mit Portwein-Anis-Sauce und Spargelgemüse 34
Terrine von getrockneten Strauchtomaten mit Pinienkern-Pesto, gebratenen Gambas und Auberginen-Chips 80
Thunfisch, Duo von Thunfisch und Gewürzlachs mit Knusper-Cannelloni, Guacamole und Kaviarcreme 24
Thunfisch, Kurz gebratener Roter Thunfisch mit Niçoise-Gemüse 144
Tomaten, Variationen von verschiedenen Tomaten 166
Tomaten-Beignets mit Safraneis 148
Trüffel-Risotto 162
Vanilleöl 189
Violette Artischocken mit Trüffelemulsion und Streifen von Pata-Negra-Schinken 174
Wildkräutersalat mit Spargel und Morcheln 48
Würzlachs 187
Ziegenkäse im Glas 134
Ziegenkäse, Leitzachtaler Ziegenkäse mit Artischocken und schwarzen Walnüssen 54
Zucchiniblüten, Geschmorte Zucchiniblüten mit Morcheln und Gänseleber 50
Zuckererbsen, Creme von Zuckererbsen und Minze mit Sot-l'y-laisse von der Maispoularde 18
Zwiebel-Confit 185

DANK

Wenn es uns – dem Team, das dieses Buch gestaltet hat – gelingt, die Liebe spüren zu lassen, die jeden dieser sechs Gourmet-Künstler beseelt, um schier Übermenschliches zu leisten, damit sie unvergessliche Geschmackserlebnisse kreieren, dann sind wir glücklich. Und ich darf noch kurz nennen, wer „wir" sind:
Monica Kellermann, die sich auskennt, wenn es ums Kochen geht und die meisten kennt in der internationalen Spitzenküche, Buchautorin, Journalistin, leidenschaftliche Köchin und Vinothek-Betreiberin.
Michael Wissing, ein Ausnahme-Fotograf, bekennender Gourmet und überquellend vor Liebe zu seinem Beruf bis hin zum Unterarm-Versengen beim Küchen-Foto im Celler Fürstenhof.
Johannes Heyne, Ideengeber, Förderer – auch in schwerer See der Wahrer des kühlen Kopfes und des wärmenden Herzens – und schlicht und einfach Boss, nämlich Mitinhaber des Christian Verlags, der dieses ungewöhnliche Projekt möglich machte.
Und last but not least **Thomas H. Althoff und seine Frau Elke**, die in ihrer unendlich großherzigen Philosophie der Gastfreundschaft alles möglich machten, was wir zur aufwendigen Produktion dieses Buches an Raum, Zeit – und vor allem Sterne-Köche-Zeit benötigten.
Auf dass also für den Leser dieses Buches und für den Hobbykoch, die Hobbyköchin mit Hilfe dieses mehr als engagierten Teams alles gut werde!

Der Verlag dankt Frau Christine Mühlhan-Korner von der Firma Christine M Korner (c) (Lütjenbroder Weg 17, 23774 Heiligenhafen, Tel/Fax: 0 43 62/90 07 99, E-Mail: cmkstudioglas@aol.com) dafür, dass sie für das Anrichten der Gerichte von Bernhard Diers (Zirbelstube) ihre selbst gestalteten Glasteller zur Verfügung gestellt hat.

ADRESSEN

Restaurant Dieter Müller
im Schlosshotel Lerbach
Lerbacher Weg
51465 Bergisch Gladbach
Ortsteil Heidkamp
Tel: 0 22 02/ 20 40
Fax: 0 22 02/20 49 40

Restaurant Vendôme
im Grandhotel Schloss Bensberg
Kadettenstraße
51429 Bergisch Gladbach
Ortsteil Bensberg
Tel: 0 22 04/42 930
Fax: 0 22 04/42 944

Restaurant Zirbelstube
im Hotel am Schlossgarten
Schillerstr. 23
70173 Stuttgart
Tel: 07 11/20 26 0
Fax: 07 11/20 26 888

Restaurant Endtenfang
im Hotel Fürstenhof
Hannoversche Str. 55/56
29221 Celle
Tel: 0 51 41/20 10
Fax: 0 51 41/20 11 20

Restaurant La Villa Belrose
Boulevard de Crêtes
F-83580 Gassin/Saint Tropez
Tel: 00 33 (0) 4 94 55 97 97
Fax: 00 33 (0) 4 94 55 97 98

Restaurant Le Vistaero
im Vista Palace Hotel
Grande Corniche
F-06190 Roquebrune Cap-Martin
Tel: 00 33 (0) 4 92 10 40 00
Fax: 00 33 (0) 4 93 35 18 94

Fotografie
Michael Wissing

Gestaltung
Michael Wissing

Texte
Nina Ruge

Rezepte
Die jeweiligen Küchenchefs

Rezeptbearbeitung und Realisation
Monica Kellermann

Redaktion und Satz
Gertrud Köhn

Lithografie
Reproline Genceller

Druck und Bindung
Egedsa, Sabadell (Barcelona)

Printed in Spain

ISBN 3-88472-698-6

www.christian-verlag.de